Cordula Leidner (Hg.)

Das große Werkbuch
Meditation

© Verlag Herder GmbH, Freiburg im Breisgau 2009
Alle Rechte vorbehalten
www.herder.de

Umschlaggestaltung: Finken & Bumiller
Umschlagmotiv: 42–20036128
© Corbis. All Rights Reserved

Satz- und CD-ROM-Gestaltung: SatzWeise, Föhren
Herstellung: fgb · freiburger graphische betriebe
www.fgb.de

Gedruckt auf umweltfreundlichem, chlorfrei gebleichtem Papier
Printed in Germany
ISBN 978-3-451-32608-0

Cordula Leidner (Hg.)

Das große Werkbuch Meditation

Für Gottesdienst, Gemeinde und Schule.
Impulse – Methoden – Modelle

FREIBURG · BASEL · WIEN

Inhaltsverzeichnis

Vorwort	7
Grundübungen christlicher Meditation	9
Übung zur Körperwahrnehmung	9
Anleitung für eine einfache Atemübung	9
Anleitung für eine Anhörrunde	10
Das Wort-Verkosten	10
Anleitung für ein Schreibgespräch	11
Die eucharistische Anbetung	11
Die schweigende Kontemplation	12
Der Rosenkranz in seiner Grundgestalt	12
I. Ich bin geschaffen	17
Bildmeditation: »Erschaffung des Adams«	18
Vorstellungsübung: »Ich bin ein Kunstwerk«	20
Übung: »Ich bin ich und du bist du«	22
Meditation zum »Tor der Psalmen«	23
Übung: »Du hast mich ins Dasein geliebt« (Du-Stern)	25
Meditation mit freiem Tanz: »Der Mensch ist wie ein Baum…«	27
Gebetsmeditation »Das Ja Gottes«	30
II. Der Herr hat mich bei meinem Namen gerufen	33
Biblische Fantasiereise	34
Übung: »mit Petrus zurückschauen«	35
Schreibgespräch »Gott ruft mich beim Namen«	37
Textbetrachtung »Rede Herr«	39
Bildmeditation »Das Ohr zur Welt«	41
Bildmeditation: Mose am brennenden Dornbusch	43
Übung zum eigenen Namen	45
III. Der Herr will, dass ich lebe	47
Meditation »Die Klagemauer«	48
Meditation »Aufblühen der Rose von Jericho«	50
Meditation »Der Mantel und der Blinde«	52
Biblische Fantasiereise »Dass mir doch die Augen aufgehen mögen!«	57

Reflexion »Mein Leben, ein Perlenkranz« 59
Metaphermeditation »Leben ist für mich wie …« 61

IV. Der Herr will Beziehung mit mir 63
Bildmeditation »Gespräch am Jakobsbrunnen« (Joh 4,4–26) 64
Betrachtung »Getragen und umfangen« 66
Betrachtung »Weggefährten meines Lebens« 68
Fantasiereise »Zurück an die Quelle« 71
Bildbetrachtung »Was soll das?« 72
Textmeditation »Ich Spinner …« 74
Bibelmeditation »Darum freut sich mein Herz« 76

V. Ich will Beziehung 81
Fantasiereise »Der innere Freund« 82
Blumen-Meditation »Einheit in Vielfalt« 84
Erinnerungsübung »Ort des Vertrauens und Dankens« 86
Meditation »Was ihr dem geringsten Bruder getan habt …« 88
Tanz »De noche iremus« 90
Übung »Alles beginnt mit der Sehnsucht« 92
Fantasieübung »Auf meinem Weg vom Gestern ins Morgen« 93
Textbetrachtung »Begegnung – Antwort« 95
Meditation »Der Brunnen« 95

VI. Advent 97
Betrachtung »Advent – Zeit der Gnade« 98
Betrachtung »Advent – Zeit des Augenblicks« 99
Betrachtung »Advent – Zeit des Hörens« 100
Betrachtung »Advent – Zeit der Begegnung« 102
Betrachtung »Advent – Gott ist mit uns« 103
Bildbetrachtung »Ein Funke genügt« 104

VII. Weihnachten 109
Biblische Fantasiereise »Die Ankunft« 110
Meditation »Ich bin bei den Hirten« 112
Meditation »An der Krippe« 115
Textbetrachtung »Eine Weihnachtsgeschichte aus alter Zeit« 117
Tanz und Meditation »Im Dunkel unsrer Nacht« 121
Meditation »Der König mit den leeren Händen« 125

VIII. Fastenzeit ... 129
Bildmeditation »Jesus im Elend« ... 130
Meditation »Dornen-Kreuz« ... 132
Fantasiereise »Mein Lebensgepäck« ... 137
Meditation »Klagen – Bitten – Hoffen« ... 139
Bildbetrachtung »Die Fußwaschung« ... 142

IX. Ostern ... 145
Fantasiereise »Welcher Weg ist richtig?« ... 146
Fantasiereise mit Jesus »Das Erkennen« ... 148
Fantasieübung »Die Enthüllung« ... 150
Meditation »Begegnung mit dem Auferstandenen« ... 152

X. Pfingsten ... 155
Bildbetrachtung »Die Hand« von Alberto Giacometti ... 156
Betrachtung »Die sieben Gaben des Heiligen Geistes« ... 157
Meditation »Auch ich bin gesandt« ... 159
Segenstanz »Blessing Nigun« ... 162
Meditation »Die Sendung« ... 164
Übung »Lebt man als Christ leichter oder schwerer?« ... 166

XI. Maria ... 167
Der lichtreiche Rosenkranz ... 168

XII. Spuren entdecken ... 177
Erfahrungen Farbe geben ... 178
Rückblick »Am Ende dieses Tages« ... 180
Betrachtung »Er zog sich zurück, um zu beten« ... 181
Abendgebet der liebenden Aufmerksamkeit ... 183
Reflexion »Du bist vertraut mit all meinen Wegen« (Psalm 139,3) ... 183
Rückblick mit Bild »Sabbatruhe« ... 186

Register der Meditationsformen ... 188
Die Autoren und Autorinnen dieses Buches ... 189
Quellenverzeichnis ... 190

Vorwort

Der vorliegende Band versucht, einen breiten Ausschnitt der zahlreichen Übungswege abzubilden, welche die christlichen Konfessionen Menschen zur Verfügung stellen, die sich in heutiger Zeit und mitten im Leben um geistliche Erfahrung bemühen und insbesondere um eine persönliche Beziehung zu Christus.
Das Buch soll anregen, eigene geistliche Erfahrung zu suchen, und ermutigen, andere daran teilhaben zu lassen. Die Schritte zu unserem Eigentlichen, zu den intimen Räumen, in denen uns das Ewige berühren kann, müssen wir wohl überwiegend allein tun, aber wir sind nicht allein auf dem Weg. So sind die Übungen dieses Buches für die Arbeit in Gruppen konzipiert, viele der einzelnen Meditationen und Texte können aber den Teilnehmenden für das persönliche Weitermeditieren mit nach Hause gegeben werden.

Die Übungen kommen aus der Praxis und sind von vielen erfahrenen geistlichen Begleitern beigetragen worden. Eine wichtige Quelle, aber keineswegs die einzige, ist die ignatianische Spiritualität, wie sie vom Jesuitenorden und der »Gemeinschaft Christlichen Lebens« im Umfeld der geistlichen Übungen des heiligen Ignatius von Loyola entwickelt wurde und ständig aktualisiert wird. Allen, die durch ihre Ideen und Beiträge geholfen haben, dieses Buch auf den Weg zu bringen, sei an dieser Stelle sehr herzlich gedankt. Es war nicht in allen Fällen möglich, die Quelle der Texte und Abbildungen zweifelsfrei ausfindig zu machen. Soweit es möglich war, ist der Ursprung selbstverständlich genannt. Besonders danken möchte ich Hedwig Schüttken für die Durchsicht des Manuskriptes und die begleitende Ermutigung.

Das Buch sucht im ersten Teil, geistliche Grunderfahrungen anzusprechen. Im zweiten Teil knüpft es an die großen Heilsereignisse, die im Kirchenjahr begangen werden, und an deren Zeiten der Vorbereitung und Besinnung. Wenn das Buch einen Beitrag leisten könnte, suchenden Menschen Türen zu geistlicher Entwicklung zu öffnen, hätte es sein Ziel erreicht.

Bad Klosterlausnitz, im Mai 2009　　　　　　　　　　　Cordula Leidner

Grundübungen christlicher Meditation

Übung zur Körperwahrnehmung

Die Übung langsam und mit Pausen ansagen.

Nehmen Sie eine Körperhaltung ein, in der Sie etwa 10 Minuten aufmerksam und wach da sein können.
Es ist hilfreich, sich so auf den Stuhl zu setzen, dass die Füße Kontakt zum Boden haben, Ober- und Unterschenkel einen rechten Winkel bilden und das untere Ende der Wirbelsäule, das Kreuzbein, leichten Kontakt zur Stuhllehne hat.
Die Hände können auf den Oberschenkeln ruhen.
Zur inneren Sammlung kann es gut sein, die Augen zu schließen oder sich einen festen Blickpunkt in Augenhöhe zu suchen.

Nehmen Sie sich insgesamt wahr, wie Sie jetzt da sind.
Gehen Sie mit Ihrer Aufmerksamkeit zum Gesäß und versuchen Sie wahrzunehmen, wo Sie Kontakt zum Stuhl haben.
Gehen Sie nun in Gedanken weiter, über die Oberschenkel, die Unterschenkel, die Fersen hin zu den Füßen. Versuchen Sie zu spüren, wie die Fußsohle Kontakt zum Boden hat; zum Boden, der trägt.
Gehen Sie nun mit Ihrer Aufmerksamkeit zum Scheitelpunkt Ihres Kopfes, Ihres Hinterkopfes, zum oberen Rücken und dem unteren Rücken.
Nehmen Sie sich jetzt nochmals im Ganzen wahr: Gesäß – Fußsohlen – Scheitelgebiet.
Wie sind Sie jetzt da?
Zum Abschluss der Übung kommen Sie sachte in Bewegung und strecken Sie sich so, wie es Ihnen guttut.

Anleitung für eine einfache Atemübung

Nehmen Sie eine bequeme und aufrechte Körperhaltung ein. Wenn Sie das Gefühl haben, gut zu sitzen (liegen), atmen Sie zwei- bis dreimal tief ein und lassen Sie beim Ausatmen bewusst Ihre Muskeln entspannen.
Nun schließen Sie die Augen und konzentrieren Sie sich auf Ihren Atem.

Sie sind dabei ganz unbeteiligt, Sie beobachten lediglich, wie Ihr Atem in den Körper strömt und ihn wieder verlässt. Sie greifen nicht ein. Sie steuern nicht.
Spüren Sie Ihrem Atem nach. Wie er kommt und geht. Ohne dass Sie etwas tun müssen.
Wenn Sie gähnen müssen, unterdrücken Sie es nicht. Lassen Sie Ihren Körper den Ton angeben.
Genießen Sie diesen Fluss des Lebens, spüren Sie, wie jeder Atemzug Ihrem Körper Kraft und Energie gibt.

Anleitung für eine Anhörrunde

Das wichtigste Merkmal der Anhörrunde ist, wie der Name schon erahnen lässt, das Zuhören. Jeder/jede bekommt entweder der Reihe nach oder frei bestimmt das Wort, die anderen hören zu und lassen das Gesagte auf sich wirken. Alle Beiträge bleiben unkommentiert, es gibt weder Rückfragen noch sollte eine Diskussion entstehen. Es kann sein, dass ein Beitrag Bezug auf den vorangegangenen nimmt, doch auch dann soll kein Gespräch daraus entstehen, selbst wenn sich die andere Person in dieser Bezugnahme vielleicht falsch verstanden fühlt.
Was einfach klingt, braucht in der Durchführung oft eine große Disziplin. Doch im Nachhinein empfinden es die meisten Menschen als eine sehr wertvolle Übung, einer anderen Person einfach nur zuzuhören und keine Antwort darauf geben zu müssen. So werden alle zugleich zu Lehrenden und zu Lernenden. Und keiner kommt zu kurz.

Das Wort-Verkosten

Ignatius von Loyola (1491–1556) hat in seinen Exerzitien immer wieder aufgefordert, die Dinge von innen her zu verkosten, und auch schon der Heilige Franz von Assisi (ca. 1182–1226) kannte die Methode des »Kauens« einzelner Wörter eines Gebetes oder Textes, bis sie quasi körperlich spürbar werden.
Die Übung des Wort-Verkostens kann bei Bibelmeditationen oder Texten angewandt werden. Da sie etwas gewöhnungsbedürftig ist, kann es die

Hemmschwelle senken, wenn während der Übung alle kreuz und quer im Raum umhergehen und dabei ganz bei sich sind.

Nachdem der Text vorgetragen wurde (man kann ihn auch zweimal lesen, vor allem, wenn er länger ist), wählen sich die Gruppenmitglieder ein Wort, das sie besonders angesprochen hat, und sprechen es immer wieder laut aus. Das Wort darf dabei eine gewisse Eigendynamik entwickeln, man kann es mal laut, mal leise sprechen, die einzelnen Vokale betonen … Das Wort darf wie eine Praline im Mund hin und her geschoben werden, damit auch der letzte Geschmacksnerv in den Genuss der Süße kommt.

In einem zweiten Schritt können dann auch freie Assoziationen zu dem Wort ausgesprochen werden.

Am Ende bilden alle einen Kreis und jeder/jede spricht ihr Wort noch einmal für alle aus.

Anleitung für ein Schreibgespräch

Ein Schreibgespräch findet grundsätzlich im Schweigen statt. Die Kommunikation erfolgt nur über das Schreiben.

In der Regel legt man ein großes Blatt/Plakat mit der Aussage, welche Inspiration für den Austausch sein soll, auf einen Tisch. Die Teilnehmenden haben Stifte und können schweigend Assoziationen, Fragen, Antworten etc. auf das Blatt/Plakat schreiben und lesen, was andere geschrieben haben.

Die eucharistische Anbetung

Bei der eucharistischen Anbetung sollte das Allerheiligste im Mittelpunkt stehen. Man kann eine Anbetungsandacht selbstverständlich mit Liedern, Gebeten und Texten, die dabei helfen, sich dem Mysterium des Brotes zu nähern, gestalten. Doch das schweigende Dasein vor dem Allerheiligsten sollte dabei immer den größeren Raum einnehmen.

Im Schweigen vor dem Lamm Gottes, im Schauen auf das Unbegreifliche kann sich Gott mir durch meine eigene Stille nähern. Anbetung heißt, sich selbst ganz zurücknehmen und vor dem Größten verneigen.

Die schweigende Kontemplation

Das Schweigen hat in allen Religionen eine alte Tradition und bildet den Mittelpunkt aller Meditation. Im Schweigen werde ich still, versuche meine Gedanken loszulassen, meinen Alltag, meinen Lärm, mein Eilen und Arbeiten, mein Eifern und Wichtigsein … all das versuche ich im Schweigen ziehen zu lassen. Sodass irgendwann nur noch Stille bleibt. Die Stille, in der das göttliche Wort ganz mit dem Herzen aufgenommen werden kann – da kein übereifriger Kopf sofort alles an sich reißt und verstehen will.
Eine Schweigemeditation ist für Ungeübte am Anfang sehr anstrengend und sollte nicht länger als max. 20 Minuten dauern. Geübtere Gruppen können auch länger sitzen. Eine aufrechte und dennoch bequeme Körperhaltung ist wichtig, denn zum Schweigen gehört auch die Reglosigkeit. Auch die Muskeln schweigen … sodass es auch im Außen ganz still werden kann.
Ob man die Augen schließt oder einen festen Punkt ca. einen Meter vor dem Körper fixiert, ist jedem/jeder Einzelnen überlassen. Es gibt unterschiedliche Erfahrungen.
Das Schweigen sollte mit einem festen Signal (z. B. dem Ton einer Klangschale oder einer Glocke) eingeleitet und beendet werden.

Der Rosenkranz in seiner Grundgestalt

Ein klassischer Rosenkranz besteht aus einem Kreuz und 59 Perlen. Jede dieser Perlen bedeutet ein Gebet. 54 Perlen bilden eine zusammenhängende Kette. Sie ist an einem Verbindungsglied zusammengefügt. Dort hängt eine Kette mit 5 Perlen und einem Kreuz. Wir nehmen es in die Hand, machen das Kreuzzeichen und sprechen:
Im Namen des Vaters und des Sohnes und des Heiligen Geistes. Amen.

Dann sprechen wir das Glaubensbekenntnis:
V Ich glaube an Gott den Vater, den Allmächtigen,
   den Schöpfer des Himmels und der Erde,
   und an Jesus Christus, seinen eingeborenen Sohn, unsern Herrn,
   empfangen durch den Heiligen Geist,
   geboren von der Jungfrau Maria,

gelitten unter Pontius Pilatus, gekreuzigt, gestorben und begraben,
hinabgestiegen in das Reich des Todes,
am dritten Tage auferstanden von den Toten,
aufgefahren in den Himmel;
er sitzt zur Rechten Gottes, des allmächtigen Vaters;
von dort wird er kommen, zu richten die Lebenden und die Toten.
A Ich glaube an den Heiligen Geist,
die heilige katholische Kirche,
Gemeinschaft der Heiligen,
Vergebung der Sünden,
Auferstehung der Toten
und das ewige Leben.
Amen.

Nachdem wir nun unseren Glauben bekannt haben, ehren wir den dreieinigen Gott und sagen:
V Ehre sei dem Vater und dem Sohn und dem Heiligen Geist,
A wie im Anfang, so auch jetzt und alle Zeit und in Ewigkeit. Amen.

Nun beten wir um Glauben, Hoffnung und Liebe. Über dem Kreuz ist eine einzeln geknüpfte Perle. Hier sprechen wir das Gebet, das Jesus uns gelehrt hat.
V Vater unser im Himmel,
geheiligt werde Dein Name.
Dein Reich komme.
Dein Wille geschehe, wie im Himmel so auf Erden.
A Unser tägliches Brot gib uns heute
und vergib uns unsere Schuld,
wie auch wir vergeben unseren Schuldigern.
Und führe uns nicht in Versuchung,
sondern erlöse uns von dem Bösen.
Amen.

Bei den drei folgenden Perlen werden drei »Gegrüßet seist du Maria...« gesprochen. Es ist der Gruß des Engels (Lk 1,26–38), der Gruß Elisabeths (Lk 1,42) und eine Bitte um Fürsprache.
V Gegrüßet seist du Maria, voll der Gnade, der Herr ist mit dir. Du bist gebenedeit unter den Frauen, und gebenedeit ist die Frucht deines Leibes, Jesus, der in uns den Glauben vermehre.

A Heilige Maria, Mutter Gottes, bitte für uns Sünder jetzt und in der Stunde unseres Todes. Amen.
V Gegrüßet seist du Maria ... Jesus, der in uns die Hoffnung stärke.
A Heilige Maria ...
V Gegrüßet seist du Maria ... Jesus, der in uns die Liebe entzünde.
A Heilige Maria ...

Bei der Einzelperle beten wir:
V Ehre sei dem Vater und dem Sohn und dem Heiligen Geist,
A wie im Anfang, so auch jetzt und alle Zeit und in Ewigkeit. Amen.

Es folgt das Vaterunser.

Jetzt sind wir an der gegliederten Rosenkranzkette angelangt mit fünfmal zehn Perlen, dazwischen vier einzelne Perlen. Nach einer einzelnen Perle, bei der das »Ehre sei dem Vater« und das »Vater unser« gebetet wird, bilden die zehn eng zusammengeknüpften Perlen ein sogenanntes »Gesätz«. Dieses Wort kommt von »Satz«. Wir fügen in jedes »Gegrüßet ...« ein »Sätzchen« mit wichtigen Geschehnissen aus dem Leben Jesu ein, als »Stoff« für das betrachtende Beten.

Man nennt die Sätzchen auch »Geheimnisse«, weil das, was wir im Rosenkranz betrachten, unser Begreifen übersteigt und eine unerschöpfliche Quelle der Inspiration für uns ist.

Üblich sind:
Die freudenreichen Geheimnisse
Jesus, den du, o Jungfrau, vom Heiligen Geist empfangen hast.
Jesus, den du, o Jungfrau, zu Elisabeth getragen hast.
Jesus, den du, o Jungfrau, geboren hast.
Jesus, den du, o Jungfrau, im Tempel aufgeopfert hast.
Jesus, den du, o Jungfrau, im Tempel wiedergefunden hast.

Die lichtreichen Geheimnisse
Jesus, der von Johannes getauft worden ist.
Jesus, der sich bei der Hochzeit in Kana offenbart hat.
Jesus, der uns das Reich Gottes verkündet hat.
Jesus, der auf dem Berg verklärt worden ist.
Jesus, der uns die Eucharistie geschenkt hat.

Die schmerzhaften Geheimnisse
Jesus, der für uns Blut geschwitzt hat.
Jesus, der für uns gegeißelt worden ist.
Jesus, der für uns mit Dornen gekrönt worden ist.
Jesus, der für uns das schwere Kreuz getragen hat.
Jesus, der für uns gekreuzigt worden ist.

Die glorreichen Geheimnisse
Jesus, der von den Toten auferstanden ist.
Jesus, der in den Himmel aufgefahren ist.
Jesus, der uns den Heiligen Geist gesandt hat.
Jesus, der dich, o Jungfrau, in den Himmel aufgenommen hat.
Jesus, der dich, o Jungfrau, im Himmel gekrönt hat.

Die trostreichen Geheimnisse
Jesus, der als König herrscht.
Jesus, der in seiner Kirche lebt und wirkt.
Jesus, der wiederkommen wird in Herrlichkeit.
Jesus, der richten wird die Lebenden und die Toten.
Jesus, der alles vollenden wird.

Bei der Betrachtung des Lebens Jesu und seiner Mutter denken wir auch über uns nach. Wir können uns ganz in unsere Gedanken vertiefen, während die Perlen durch unsere Finger gleiten. Wir dürfen sicher sein, dass Maria, die wir beim Rosenkranz immer wieder grüßen, unsere Sorgen und Anliegen versteht. Sie betet mit uns und für uns. Sie ist ja bei ihrem Sohn, der uns alle liebt.
Aus: Josef Treutlein, Rosenkranzandachten. Modelle und Anregungen.
© Verlag Herder GmbH, Freiburg 2009

I. Ich bin geschaffen

Welch eine Entlastung, dass wir uns nicht immer und fortwährend selbst erfinden und erschaffen müssen.
Viel Hektik und Getriebensein, vieles an Vergleichen, Bewerten, Aufwerten und Abwerten bräuchte es nicht mehr. In Freiheit könnte man seine Fähigkeiten suchen und einsetzen, kein »Muss« zu Aufstieg und Ansehen würde die Freude am Mitarbeiten und Mitwirken in Gesellschaft und Wirtschaft trüben.

Bildmeditation: »Erschaffung des Adam«

▶ Für alle

Erschaffung des Adam (Lioba Munz)

Vorbereitung

Kunstkarten für jeden Teilnehmer

Vorübung

Versuchen Sie innerlich und äußerlich still zu werden. Nehmen Sie sich wahr, wie Sie auf dem Stuhl sitzen. Wo spüren Sie Kontakt zum Stuhl, wie ist der Kontakt der Füße zum Boden, der trägt? So, wie Sie sind, dürfen Sie da sein.

Anleitung

Lassen Sie das Bild auf sich wirken.
Was spricht Sie an?
Wo bleiben Ihre Augen »hängen«?

Jeder/jede ist eingeladen, sich vorzustellen,
dass man selber dieser Adam ist.
Gott fasst Sie an, er berührt Sie.

Wie schwer oder leicht fällt es Ihnen, sich in diese Rolle zu begeben?
Wie schwer oder leicht fällt es Ihnen, sich von Ihm berühren zu lassen?
Wie schwer oder leicht fällt es Ihnen, sich von Ihm geliebt zu wissen?

Austausch

Wie ist es Ihnen mit der Übung ergangen?
Was möchten Sie davon den anderen mitteilen?

Abschluss

Gebet
Mensch, du bist genommen vom Staub dieser Erde,
sie ist deine Mutter,
gezeugt vom Licht aus der Höhe
und geboren als Kind des Himmels.

Mensch, du hast das Licht der Welt erblickt
in der Sternstunde deiner Geburt,
unter Wehen und Schmerzen,
als großes Glück und freudiges Ereignis.

Mensch, du birgst Träume in dir,
die aus einer größeren Welt erwachsen,
die nicht von dir selbst kommen
und weit über dich hinausgehen.

Mensch, du bist beseelt
von der Frage der Sehnsucht,
von einem Heimweh und Fernweh
nach dem Ureigenen und Ganz-Anderen.

Mensch, du bist auserwählt,
als Bild und Gleichnis
deines Schöpfers zu leben,
zu seiner Ehre und zum Segen für viele.
Paul Weismantel

Cordula Leidner

Vorstellungsübung: »Ich bin ein Kunstwerk«

▶ Für alle

Anleitung

Text langsam vorlesen

Ein Bildhauer hat den Auftrag bekommen, von Ihnen eine Skulptur zu machen. Sie ist fertig, und Sie gehen zu dem Bildhauer, um die Skulptur anzuschauen, bevor sie öffentlich gezeigt wird. Er gibt Ihnen den Schlüssel zu dem Raum, worin sie abgestellt ist, damit Sie sie in Ruhe allein betrachten können.
Sie öffnen die Tür. Der Raum ist dunkel.
In der Mitte des Raums ist Ihre Skulptur, mit einem Tuch bedeckt …
Sie nehmen das Tuch ab …

Dann treten Sie zurück und betrachten Ihre Skulptur.
Was ist Ihr erster Eindruck?
Sind Sie zufrieden oder unzufrieden? Schauen Sie sich genau an. Welche Größe hat sie, aus welchem Material ist sie angefertigt? Betrachten Sie sie aus der Nähe und aus einer gewissen Entfernung. Berühren Sie die Skulptur. Was spüren Sie? …
Welche Teile der Skulptur gefallen Ihnen, welche nicht? …

Sprechen Sie Ihre Skulptur an … Welche Antwort gibt sie? … Und was antworten Sie darauf? …

Werden Sie nun selbst die Skulptur … Was empfinden Sie dabei, Ihre eigene Skulptur zu sein?

Stellen Sie sich vor, während Sie Ihre eigene Statue sind, betritt Jesus das Zimmer … Wie blickt er Sie an? …
Was empfinden Sie, während er Sie anblickt? …
Was sagt er Ihnen? …
Welche Antwort geben Sie? …
Setzen Sie das Gespräch fort, solange Jesus oder Sie etwas zu sagen haben …

Nach einer Weile geht Jesus wieder.

Kehren Sie nun wieder zu sich selbst zurück und blicken Sie wieder auf die Skulptur… Hat sie sich gewandelt?…
Haben Sie sich, haben sich Ihre Gedanken, Ihre Gefühle verändert?…

Sagen Sie nun Ihrer Skulptur Lebewohl. Nehmen Sie sich noch etwas Zeit und öffnen Sie dann die Augen.
nach Anthony de Mello

Austausch

Niemand soll sich genötigt fühlen, aber jeder ist eingeladen zu erzählen, wie es ihm ging. Ist ein neuer Gedanke aufgetaucht, hat sich ein wenig gelebtes Gefühl eingestellt?

Abschluss

Dank und/oder Bitte in freier Runde

Gebet
Du hast mich geträumt
Jeder Einzelne von uns ist unersetzbar
wie ein seltenes Exemplar einer Sammlung.
Gott ist ein Künstler,
der sich weder wiederholt noch plagiiert.
Kein Blättchen gleicht dem anderen,
kein Fingerabdruck und auch keine Seele.
Und die Seele, die verloren geht,
wird Gott in aller Ewigkeit nicht noch einmal erschaffen,
und ihr Verlust wird ihn ewig schmerzen.
Gott liebt uns mehr, als wir uns selbst lieben.
Er liebt uns, seit er Gott ist,
und auf dieselbe Weise, wie er sich selbst liebt.
Welch zerreißenden Schmerz wird er fühlen,
wenn er sich auf ewig von uns trennen muss!
Manchmal scheint es, als ob Gott
das ganze Universum vergessen hätte
und nur daran interessiert ist,
sich mit uns zu unterhalten.
Wie der Liebende,
der nur in Gedanken an die ferne Geliebte lebt,

Vorstellungsübung: »Ich bin ein Kunstwerk«

so hast DU mich geträumt, ehe ich noch geboren war,
die ganze Ewigkeit hindurch.
Ernesto Cardenal

Cordula Leidner

Übung: »Ich bin ich und du bist du«

▶ Für alle

Vorbereitung

CD-Player, Meditationsmusik

Anleitung

Im Hintergrund ist leise Musik zu hören.
Die Teilnehmer verteilen sich im Raum und versuchen an dem Ort, wo sie stehen, zur Ruhe zu kommen.

Versuchen Sie, wahrzunehmen, wie Sie stehen:
aufrecht, »fest verwurzelt«, schwankend, Gewicht mehr auf einem Bein oder eher beiden …
Gehen Sie nun langsam durch den Raum.
Schauen Sie die einzelnen Menschen an.
Nach einer angemessenen Zeit halten Sie inne und bleiben vor einem Teilnehmer stehen und sagen klar und deutlich vernehmbar: »Ich bin ich und du bist du.« Warten Sie noch einen kurzen Augenblick, um dann den Weg fortzusetzen.
Die Übung ist beendet, wenn jeder jedem gesagt hat:
»Ich bin ich und du bist du.«

Stellen Sie anschließend Stühle zu einem Kreis und beginnen Sie mit dem Austausch:
- Wie leicht oder schwer ist mir die Übung gefallen?
- Konnte ich die Feststellung zu jeder Person gleich gut sagen oder gab es Unterschiede?

Abschluss

Gebet

Ich will nur da sein.
Ich bin da,
in diesem Raum,
auf meinem Stuhl,
mit meinen Füßen,
mit meinen Händen.
Ich will nichts festhalten.
Ich werde getragen von der Erde.
Ich lasse den Atem gehen und kommen.
Ich bin, weil du, Gott, mich ins Da-sein gerufen hast.
Das ist die einfache Wahrheit meines Lebens.
Ursula Weßner

Cordula Leidner

Meditation zum »Tor der Psalmen«

▶ Für Jugendliche und Erwachsene

Das Buch der Psalmen ist für Juden und Christen gleichermaßen ein Gebetbuch. Sie können so ihr Leben, mit all seiner Not und Plage und mit all seinem Jubel und seiner Freude zu Gott bringen.
Das Tor zum Leben mit Gott beginnt mit einem Glückwunsch. Und diese Gratulation gilt jedem/jeder, der/die sich von diesem Psalm ansprechen lässt.

Vorbereitung

Kopie vom Psalm 1 für alle Teilnehmer
Stifte und Papier

Anleitung

Die Kopien werden verteilt und jeder liest einmal für sich den Psalm.
Anschließend wird der Psalm gehört. Der/die Leiter/Leiterin liest den Text vor.

Was spricht Sie an? – Was berührt Sie?

In einem weiteren Schritt eine Körperübung ansagen: »Stehen wie ein Baum«.

Jeder/jede sucht sich einen Platz im Raum, an dem er/sie sich »verwurzeln« möchte. Suchen Sie sich einen Stand und versuchen Sie wahrzunehmen, wie fest Sie stehen. Strecken Sie sich nach oben aus und versuchen Sie, sich ein wenig im Wind zu bewegen. Breiten Sie nun langsam die Arme aus und machen Sie eine kreisförmige Bewegung nach rechts und nach links. Wiederholen Sie die Übung 2- bis 3-mal. Kommen Sie nun langsam zum Ende.

Als Nächstes kann man sich dem Psalm mit einer Partnerübung nähern: Schreiben Sie den ersten Teil des Psalm für den Partner/die Partnerin um:

»Wohl dir, … (Name einsetzen), wenn du …«
Zum Abschluss lesen Sie den umformulierten Psalm dem Partner/der Partnerin vor.

Austausch

Was möchten Sie von Ihren Erfahrungen erzählen? Was hat Sie bewegt?, betroffen, berührt?
Was davon möchten Sie den anderen erzählen?

Barbara Blum

Kopiervorlage

Psalm 1

Wohl dem Mann,
der nicht dem Rat des Frevlers folgt,
nicht auf dem Weg der Sünder geht,
nicht im Kreis der Spötter sitzt,

sondern Freude hat an der Weisung des Herrn,
über seine Weisung nachsinnt bei Tag und bei Nacht.

Er ist wie ein Baum,
der an Wasserbächen gepflanzt ist,
der zur rechten Zeit seine Frucht bringt
und dessen Blätter nicht welken.
Alles, was er tut,
wird ihm gut gelingen.

Nicht so der Frevler:
Sie sind wie Spreu,
die der Wind verweht.

Darum werden die Frevler im Gericht nicht bestehen
noch die Sünder in der Gemeinde der Gerechten.
Denn der Herr kennt den Weg der Gerechten,
der Weg der Frevler aber führt in den Abgrund.

Übung: »Du hast mich ins Dasein geliebt« (Du-Stern)

▶ Für Jugendliche

Vorbereitung

Für jeden Teilnehmer ein Blatt mit den Textstellen.
Die folgenden Aussagen aus der Hl. Schrift werden sternförmig um ein Symbol für Gott den Schöpfer gelegt.

Vorübung

Ruhig werden, dem Atem nachgehen, wie er kommt und geht.

Anleitung

Jeder Teilnehmer geht zu den Aussagen, die auf dem Boden liegen, liest, lässt sie auf sich wirken und entscheidet sich nach angemessener Zeit, welche für ihn wichtig ist, die ihn »anspringt«, von der er sich angezogen fühlt. Diese nimmt er an sich.
Wenn alle eine für sie passende Aussage haben, werden sie einmal reihum laut vorgelesen. In einer zweiten Runde ist die Möglichkeit gegeben, den anderen zu erzählen, warum man sich für diesen oder jenen Vers entschieden hat.

Abschluss

Lied: »Die Herrlichkeit des Herrn bleibe ewiglich«

Kopiervorlage

> Weil du in meinen Augen teuer und wertvoll bist und weil ich dich liebe, gebe ich für dich ganze Länder ... (Jes 43,4)

> Gott schuf den Menschen als sein Abbild; als Abbild Gottes schuf er ihn. Als Mann und Frau schuf er sie. (Gen 1,27)

> Du hast ihn (den Menschen) nur wenig geringer gemacht als Gott, hast ihn mit Herrlichkeit und Ehre gekrönt. (Ps 8,6)

> Ich danke dir, dass du mich so wunderbar gestaltet hast. Ich weiß: Staunenswert sind deine Werke. (Ps 139,14)

> Ich gebe dir verborgene Schätze und Reichtümer, die im Dunkel versteckt sind. So sollst du erkennen, dass ich der Herr bin, der dich bei deinem Namen ruft ... (Jes 45,3)

> Preist unseren Gott, ihr Völker; lasst laut sein Lob erschallen! Er erhielt uns am Leben und ließ unseren Fuß nicht wanken. (Ps 66,8-9)

> Denn in ihm leben wir, bewegen wir uns und sind wir ... wir sind von seiner Art. (Apg 17,28)

> Mit ewiger Liebe habe ich dich geliebt, darum habe ich dir solange die Treue bewahrt. (Jer 31,3)

> Gott sah alles an, was er gemacht hatte: Es war sehr gut. (Gen 1,31)

> Aus seiner Fülle haben wir alle empfangen, Gnade über Gnade. (Joh 1,16)

> Der Herr freut sich und jubelt über dich, er erneuert seine Liebe zu dir, er jubelt über dich und frohlockt ... (Zef 3,17)

> Der Herr hat mich schon im Mutterleib berufen; als ich noch im Schoß meiner Mutter war, hat er meinen Namen genannt. (Jes 49,1)

> Der Herr hat Himmel und Erde gemacht, das Meer und alle Geschöpfe; er hält ewig die Treue. (Ps 146,6)

Meditation mit freiem Tanz:
»Der Mensch ist wie ein Baum …«

▶ Für Jugendliche/Erwachsene

Vorbereitung

Bibelstelle Jer 17, 7–8
Lied (z. B. »Bless the Lord« oder ein anderer in der Gruppe bekannter Taizégesang)
Instrumentales Musikstück (ca. 2 bis 4 Min.), zum Beispiel eine Frühlingsserenade
oder ein Stück eines Streichorchesters
CD-Player

Ablauf

Lied
Die Bibelstelle Jer 17, 7–8 wird vorgetragen.

Gesegnet der Mensch, der auf den Herrn sich verlässt
und dessen Hoffnung der Herr ist.
Er ist wie ein Baum, der am Wasser gepflanzt ist
und am Bach seine Wurzeln ausstreckt:
Er hat nichts zu fürchten, wenn Hitze kommt;
seine Blätter bleiben grün;
auch in einem trockenen Jahr ist er ohne Sorge,
unablässig bringt er seine Früchte.

Es kann sich ein Gedankenaustausch anschließen.
Lied
Einladung zum bewusst bequemen Sitzen oder Liegen. Wer will, kann als Zuhörer/ Zuhörerin die Augen schließen, während der Meditationstext vorgetragen wird. Sofern leise Hintergrundmusik verwendet wird, bedarf der Text einer umso ruhigeren und Zeit lassenden Vortragsweise. Falls anschließend getanzt wird, ist es empfehlenswert, schon beim Textvortrag die gleiche Musik für den Hintergrund zu nehmen (evtl. zweimal).

Meditation »Wie ein verwurzelter Baum«

Ich stelle mir einen großen Baum vor,
fest in der Erde verwurzelt.
Ein gut verwurzelter Baum hat einen guten Stand.
Er ist eine Schönheit.
Majestätisch wirkt er.
Ein solcher Baum ist nicht starr, er ist beweglich.
Er wiegt sich im Wind.
Er schmiegt sich dem Säuseln an.
Selbst ein Sturm kann ihn so schnell nicht umhauen.
Er hat Kontakt zu seinem Inneren.
Das Wasser zieht er aus seinen Wurzeln empor.
Es fließt durch alle Äste und Zweige, und gibt ihm Kraft.

Ein gut verwurzelter Baum ist standfest.
Seine Mitte ist das Zentrum, durch das alles fließt.
Er streckt sich nach unten in die Erde,
nach oben in den Himmel
und nach allen Seiten in die Welt hinein.
Er spürt das Leben in sich.
Er bleibt derselbe Baum und verändert sich doch.
Er grünt und blüht, trägt Früchte, gibt sie her, teilt sie aus,
er lässt die Blätter welken und fallen,
er erträgt die Kahlheit des Winters,
die scheinbare Nutzlosigkeit,
und schöpft doch durch die winterliche Ruhe neue Kraft für den Frühling.

Ich bin ein Geschöpf dieser Erde wie die Pflanzen und Bäume.
Um wie viel mehr aber liebt Gott mich als Mensch,
dass er mich mit Herz und Verstand ausgerüstet hat.
Er will in meiner Mitte sein, in meinem Innersten.
Er, der die Liebe und das Leben ist, will mir zuinnerst nahe sein
und mir von innen her Kraft geben.
Sein heiliger Geist durchströmt mich wie der Atem,
er verlässt mich nicht.
Ich bin durchwoben von der Gnade Gottes.

Ich spüre in meine Mitte hinein, von der alles ausströmt,
jede Bewegung, nach oben, zur Seite, nach unten,
ich spüre in meine Mitte, zu der alles zurückkehrt.
Ich bleibe in Kontakt mit meiner Mitte,
auch wenn ich Schritte gehe,
wenn ich mich wiege im Wind, mich der Sonne zuwende,
die Welt ertaste, mit Händen und Füßen, Armen und Beinen,
wie die Zweige eines Baumes.
Ruhig und sanft sind meine Bewegungen, aus der Mitte heraus.

Freier Tanzausdruck (siehe Hinweis unten!)
Einladung, das Thema der Bibelstelle/der Meditation zu Instrumentalmusik in freien Tanzausdruck zu geben.

Schlussgebet

Gott
weil du mich liebst
hast du mich in dieses Leben gerufen
und mir Großes anvertraut.
Wie oft vergesse ich, dass meine Wurzeln bei dir sind

Gott
manchmal wächst mir der Kummer über den Kopf
ich weiß nicht mehr ein noch aus
und verliere den Mut.
Wie oft vergesse ich, dass ich mich dir in die Arme werfen kann,
denn du hast den Überblick über alles.

Gott
nicht selten fühle ich mich ausgetrocknet und leer
und in meinem Durst vergesse ich
dass du selbst das lebendige Wasser bist
das allein meine innere Sehnsucht stillt.

Lass mich dir wieder neu vertrauen
guter Gott
auf dich will ich meine Hoffnung setzen
in dir Nahrung finden.
Sei du bei mir und in mir.
Amen.

Hinweis zum freien Tanz

Tanzen ist eine sehr tief wirkende Weise, sich auf Themen, auf Musik, auf Meditation einzulassen. Das Tanzen spricht tiefe Schichten im Inneren an und kann als heilsam und befreiend erlebt werden. Doch der Ausdruck im Tanz und gerade im freien Tanz, der ja keine Schritte und Figuren vorgibt, bedeutet für viele Menschen eine große Überwindung. Niemals darf jemand damit überrumpelt oder gar gegen seinen Willen dazu gedrängt werden.

Deshalb bitte unbedingt vorher ankündigen, dass Tanzen vorgesehen ist, und jedem die persönliche Freiheit lassen!

Cäcilia Kittel

Gebetsmeditation »Das Ja Gottes«

▶ Für Jugendliche/Erwachsene

Vorbereitung

Kopien vom Text

Anleitung

Jeder Teilnehmer bekommt einen Text.
Kurze Zeit der Stille und inneren Sammlung.
Der Text wird langsam vorgelesen.

»In Jesus Christus ist das Ja verwirklicht. Er ist das Ja zu allem, was Gott verheißen hat.« (2 Kor 1,19.20)
Das Ja Gottes gilt den Ausgegrenzten, Verachteten, den Sündern.
Das Ja Gottes gilt den Armen, den Trauernden, den Bedürftigen.
Das Ja Gottes gilt allen, die aus einem menschlichen Ja herausgefallen sind.
Das Ja Gottes gilt mir.
Denn Gottes Wort »ist nicht Ja und Nein zugleich«,
Gottes Wort vermischt sich nicht in ein trübes »Vielleicht«.
Gottes Wort ist ein uneingeschränktes Ja, ohne »Wenn« und »Aber«.
Dieses ewige Ja-Wort wandert seit der Geburt Jesu durch die Zeiten und bittet um Gehör.

Gott bietet es an, so wie zwei Menschen einander Freundschaft anbieten.
Er bietet an, er zwingt nicht, er fordert nicht.
Er wirbt.
Er wirbt mit seinem Ja um unser Ja.
Sein Werben ist unaufdringlich, leise.
Wenn wir nicht genau hinhören, geht es im Getöse einer gottlosen Welt unter.
Wenn wir nicht genau hinhören, geht das Ja an uns vorbei und wir merken es nicht einmal.
Denn Gottes Ja ist wehrlos und nackt in einer aufgerüsteten, gewalttätigen Welt, es ist allen Angriffen ausgesetzt.
Sein Ja ist nicht trotz des Elends der Welt da, es ist im Elend dieser Welt.
Gott sagt »Ja« und nochmals »Ja«!
Er wartet auf unsere Antwort.

Quelle unbekannt

Sie sind in einer Zeit der Stille eingeladen, zu spüren, von welchem Gedanken, Vers Sie sich angesprochen, berührt fühlen. So Sie ihn gut »verkostet« haben, können Sie ihn laut aussprechen.
Die anderen hören zu und lauschen dem Gesagten nach. Jeder bekommt für »seinen« Satz genügend Zeit.
Nachdem alle zu Wort kamen, soll jeder seinen Satz im Schweigen immer wieder auf die Rückseite des Textblattes schreiben.

Hierfür sollten ca. 20 Minuten eingeplant werden. Im Hintergrund kann leise Musik zu hören sein.
Anschließender Austausch: Wenn sich die Gruppe vertraut ist, kann einander erzählt werden, warum der gewählte Vers wichtig ist. Was sich damit an Lebensgeschichte verbindet. Wenn sich die Gruppe weniger nah ist, kann eine Frage nach der Art und Weise der Übung ein Gespräch erleichtern.

Abschluss

Den Text reihum beten, Satz für Satz.

II. Der Herr hat mich bei meinem Namen gerufen

Gott hat mich bei meinem Namen gerufen, wie sehr kann ich das glauben?
In der Hl. Schrift wird an verschiedenen Stellen erzählt, wie Gott im Alten Testament und Jesus im Neuen Testament einzelne Menschen namentlich anspricht und mit ihnen kommuniziert. Es sind meist Menschen, die ihrem normalen Alltagsgeschäft nachgehen, Hirten, Witwen, Fischer …, die nichts Außergewöhnliches sind. Allen gemeinsam ist, dass ihnen Gott wichtig ist, dass sie Suchende sind.

Biblische Fantasiereise

▶ **Für Jugendliche/Erwachsene**
Nach Anthony de Mello

Anleitung

Die Fantasiereise langsam und deutlich vortragen. In Gedanken selbst mitgehen, damit die Pausen zwischen den Abschnitten nicht zu kurz werden. Die Bilder der Abschnitte sollen sich in der Fantasie der Zuhörer entfalten können. Die Verweise auf die Bibelstellen werden nicht vorgelesen.

Das Abenteuer
Stellen sie sich vor, sie wären dabei, als Jesus dem Petrus zum ersten Mal begegnet und ihn den Felsen nennt. (Joh 1, 40–42)

Sie stehen am Seeufer, als er Petrus und Andreas, Jakobus und Johannes auf die Idee bringt, Menschen zu fischen. (Mt 4,18–22)

Sie gehen in das Zollhaus und hören, wie er Matthäus beruft, und beobachten die Wirkung. (Mt 9,9)

Sie sind zugegen, als der Engel Maria die Botschaft bringt. (Lk 1,26–38)

Sie sehen, wie der auferstandene Herr Maria von Magdala einen Auftrag erteilt. (Joh 20,11–18)

Sie sind mit Paulus auf dem Weg nach Damaskus, als die Stimme ihn anruft. (Apg 9,22,26)

Sie sehen diese Szenen vor sich, nicht, als ob sie sich in der Vergangenheit zutrügen, sondern jetzt.
Sie schauen nicht nur zu, Sie wirken mit ... nehmen teil ...

Für die folgende Übung Blätter und Stifte austeilen.

Sie schreiben die Geschichte Ihrer eigenen Berufung für Ihr Bibelexemplar.
Wie bei allen Schrifttexten, so ist auch hier jedes Wort, jeder Satz von Bedeutung.

Austausch

Der Austausch kann in offener Runde stattfinden. Wenn die Gruppe miteinander vertraut ist, kann angeboten werden, den geschriebenen Text vorzulesen.

Abschluss

Gebet
Und immer wieder
bin ich gemeint,
deine Botschaft
zu hören und weiterzusagen;
im gelungenen Gespräch
und im sprachlosen Verstummen;
in der zugewandten Begegnung
und in der ängstlichen Abwehr;
in der rauschenden Freude
und in der hilflosen Ohnmacht.
Ich bin gemeint und bin nicht allein.

Cordula Leidner

Übung: »mit Petrus zurückschauen«

▶ Für Erwachsene

Bei Markus lesen wir, dass Jesus am See entlangging, dort den Simon sah, wie er am Fischen war, und zu ihm sagte, er solle herkommen und ihm nachfolgen. Und Simon fühlte sich angesprochen und kam dieser Einladung nach. Jesus und Simon haben viel miteinander erlebt: bedingungsloses Vertrauen, nackte Angst, Eifersucht, Kleinglauben, Verleugnen, Lieben und Geliebtwerden.

Vorbereitung

Papier und Stifte

Anleitung

Sie besuchen Petrus vor seiner Hinrichtung in seiner Gefängniszelle.

Versuchen Sie als Erstes, innerlich und äußerlich ruhig zu werden.
Achten Sie auf ihren Atem, wie er kommt und geht.

Stellen Sie sich eine Gefängniszelle vor.
Schauen Sie, wo Petrus sitzt. Sie sind eingeladen, neben ihm Platz zu nehmen, um ihn in seinen Gedanken zu begleiten.
Petrus schaut auf den Tag zurück, an dem Jesus ihn rief …
auf das, was er seitdem gesehen … und gelernt … und gefühlt … hat.
Was er getan und was für ein Leben er geführt hätte, wenn Jesus ihn nicht getroffen hätte …
den Gegensatz zwischen der heutigen Wirklichkeit und den einstigen Illusionen …

Auch Sie schauen zurück auf den Tag, an dem Jesus Sie rief …

Dann vertraut Petrus Ihnen an, was ihn in Gedanken an seinen morgigen Tod bewegt …

Der Ruf ist noch immer lebendig.
Nachdem er einmal ergangen ist, trägt er Sie jeden Tag.
Wozu wurden Sie gestern gerufen?

Die Stimme, die zu Petrus am Seeufer
und zu Maria am Grab sprach,
können Sie hören, und sie sagt:
»Komm … Ich will dich senden …«

Gibt es einen Widerhall dieser Worte in Ihnen …?
Auch wenn Sie nicht wissen, wozu die Stimme Sie ruft, Sie können dennoch eine Antwort geben …

Ehe der Austausch beginnt sollte die Möglichkeit gegeben werden, dass jeder/jede, der/die möchte, sich das für ihn/sie Wichtige, Neue, Andere aufschreiben kann.

Austausch

In offener Runde oder als Anhörrunde

Welche Erfahrungen haben Sie mit sich, Petrus und/oder Jesus gemacht?

Abschluss

Gott, dein Wille
geschieht im Himmel,
wo erlöste Menschen
– über alles Suchen, Zweifeln
und Leiden hinaus –
sich selbst gefunden haben:
Fülle des Lebens in dir.
Dein Wille, Gott,
geschieht auf der Erde,
wo suchende Menschen
– zweifelnd, versagend und leidend –
auf dem Weg sind
mit ihrem kleinen Glauben
und dem großen Vertrauen
in deine Treue.

Cordula Leidner

Schreibgespräch »Gott ruft mich beim Namen«

▶ Für Jugendliche/Erwachsene

Vorbereitung

Großes Blatt, Stifte, Bibeltext (Jer 1,4–12)

Anleitung

1. Schreibgespräch (20–30 Minuten) zu dem Wort »Berufung«

Anleitung zum Schreibgespräch S. 11

2. Austausch über die Eindrücke (Anhörkreis):

Was bewegt mich jetzt? Was ist mir (neu) aufgegangen oder bewusst geworden?

3. Einzelarbeit zum Bibeltext (ca. 30 Minuten)

Wenn nicht mehr Zeit für die Einheit zur Verfügung steht, nach dem Vorlesen des Bibeltextes mit einem gemeinsamen Vaterunser enden.

⁴Das Wort des Herrn erging an mich:
⁵Bevor ich dich im Mutterleib bildete, habe ich dich erwählt; / bevor du aus dem Mutterschoß hervorgingst, habe ich dich geheiligt. / Zum Völkerpropheten habe ich dich bestellt.
⁶Da sagte ich: Mein Gott, mein Herr, ich kann doch nicht reden, / ich bin noch so jung.
⁷Da sprach der Herr zu mir: / Sag nicht: Ich bin noch so jung.
Nein, wohin immer ich dich sende, dahin wirst du gehen, / und was immer ich dir auftrage, das wirst du reden.
⁸Fürchte dich nicht vor ihnen; / denn ich bin mit dir, um dich zu retten – Spruch des Herrn.
⁹Darauf streckte der Herr seine Hand aus und berührte meinen Mund. / Dann sprach der Herr zu mir: / So lege ich meine Worte in deinen Mund.
¹⁰Siehe, ich setze dich heute über Völker und Königreiche ein, / auszurotten und niederzureißen, / zu verderben und zu zerstören, / aufzubauen und einzupflanzen.
¹¹Darauf erging das Wort des Herrn an mich: Was siehst du, Jeremia? Ich antwortete: Einen Wachezweig [Mandelbaum] sehe ich.
¹²Da sprach der Herr zu mir: Du hast richtig gesehen. Ja, ich wache über mein Wort, um es auszuführen.

(Erklärung zum letzten Vers: Wortspiel mit den hebräischen Ausdrücken für Mandelbaum [schaked] und wachen [schakad]).

Den Bibeltext, Papier und Stifte austeilen.

Schreibe eine mögliche Weiterführung des Gesprächs zwischen Gott und Jeremia (Wie könnte das Gespräch weitergehen?) – oder einen Brief an Jeremia – oder einen Brief an Gott.

Austausch

Anhörkreis: Jeder/jede liest seinen/ihren Text vor (das setzt eine gewisse Vertrautheit der Gruppe voraus!).

Abschluss

Vaterunser und Lied »Freunde, dass der Mandelzweig«
(Troubadour 1015)

Elisabeth Meuser

Textbetrachtung »Rede Herr«

▶ Für Jugendliche/Erwachsene

Körperwahrnehmungsübung

Die Übung langsam und mit Pausen ansagen.

Nehmen Sie eine Körperhaltung ein, in der Sie etwa 10 Minuten aufmerksam und wach da sein können.
Es ist hilfreich, sich so auf den Stuhl zu setzen, dass die Füße Kontakt zum Boden haben, Ober- und Unterschenkel einen rechten Winkel bilden und das untere Ende der Wirbelsäule, das Kreuzbein, leichten Kontakt zur Stuhllehne hat.
Die Hände können auf den Oberschenkeln ruhen.
Zur inneren Sammlung kann es gut sein, die Augen zu schließen oder sich einen festen Blickpunkt in Augenhöhe zu suchen.
Nehmen Sie sich insgesamt wahr, wie Sie jetzt da sind.
Gehen Sie mit Ihrer Aufmerksamkeit zum Gesäß und versuchen Sie wahrzunehmen, wo Sie Kontakt zum Stuhl haben.
Gehen Sie nun in Gedanken weiter, über die Oberschenkel, die Unterschenkel, die Fersen hin zu den Füßen. Versuchen Sie zu spüren, wie die Fußsohle Kontakt zum Boden hat; zum Boden, der trägt.
Gehen Sie nun mit Ihrer Aufmerksamkeit zum Scheitelpunkt Ihres Kopfes, Ihres Hinterkopfes, zum oberen Rücken und dem unteren Rücken.
Nehmen Sie sich jetzt nochmals im Ganzen wahr: Gesäß – Fußsohlen – Scheitelgebiet.
Wie sind Sie jetzt da?
Genießen Sie noch eine Weile diesen Zustand des ganz bei sich selbst Seins. Bleiben Sie in diesem Zustand der Meditation, während die Textstelle von der Offenbarung an Samuel vorgetragen wird.

Text: Die erste Offenbarung an Samuel

Der junge Samuel aber versah den Dienst des Herrn unter den Augen Elis. Zu jener Zeit war ein Wort des Herrn selten; Visionen kamen nicht häufig vor. ²Aber eines Tages geschah es, dass Eli an seinem gewohnten Platz schlief. Seine Augen waren allmählich schwach geworden und er konnte nicht mehr sehen. ³Die Lampe Gottes war indes noch nicht erloschen. Samuel schlief im Tempel des Herrn, wo die Lade Gottes stand. ⁴Da rief der Herr den Samuel. Der antwortete: Hier bin ich, ⁵lief dann zu Eli hin und sagte: Hier bin ich; du hast mich ja gerufen. Jener erwiderte: Ich habe dich nicht gerufen; leg dich wieder schlafen. Da ging er weg und legte sich schlafen. ⁶Der Herr aber rief wiederum: Samuel! Und Samuel stand auf, ging zu Eli und sagte: Hier bin ich; du hast mich ja gerufen. Jener antwortete: Ich habe dich nicht gerufen, mein Sohn; leg dich wieder schlafen! ⁷Samuel hatte nämlich den Herrn noch nicht kennengelernt und er hatte noch nie eine Offenbarung des Herrn empfangen. ⁸Nun rief der Herr wiederum, zum dritten Mal, den Samuel. Der stand auf, ging zu Eli und sagte: Hier bin ich; du hast mich ja gerufen. Da merkte Eli, dass es der Herr war, der den Knaben rief. ⁹Darum sagte Eli zu Samuel: Geh, leg dich schlafen, und wenn man dich ruft, so erwidere: Rede, Herr, denn dein Diener hört! Samuel ging weg und legte sich an einen Ort zur Ruhe. ¹⁰Da kam der Herr, trat heran und rief wie die vorigen Male: Samuel, Samuel! Und Samuel antwortete: Rede, denn dein Diener hört!

Fantasiereise

Im zweiten Schritt der Übung sind Sie eingeladen, sich mittels Ihrer Fantasie die Begebenheit rund um die Offenbarung an Samuel vorzustellen. Sie sind Ihr eigener Regisseur: Wie stellen Sie es sich vor, wenn es heißt, der junge Samuel versah den Dienst unter der Aufsicht Elis?
Wie sieht der Platz aus, an dem Eli schlief, wie der Ort im Tempel, an dem Samuel ruhte?
Was sind Ihre Vorstellungen, wenn es heißt, der Herr rief, Samuel antwortet, er geht, er legt sich wieder schlafen und so weiter? Was hören Sie? Wie ist die Stimme? Was sehen und spüren Sie?

Versuchen Sie nun, in dem Geschehen den Platz zu finden, an dem Sie persönlich sein möchten.
Lassen Sie sich Zeit! Wenn Sie ihn gefunden haben, nehmen Sie wahr, wie es Ihnen geht. Möchten Sie sich etwas wünschen oder erbitten?

Wenn Sie ihre Wünsche oder Bitten in Gedanken ausgesprochen haben, kommen Sie langsam wieder in die Gegenwart dieses Raumes zurück. Öffnen Sie die Augen, kommen Sie sachte in Bewegung und strecken Sie sich so, wie es Ihnen guttut.

Austausch

Der Austausch kann in offener Runde geschehen. Es ist spannend zu hören, was die Einzelnen in ihrer Fantasie gesehen und erlebt haben.

Zum Abschluss kann der Text nochmals gelesen werden.

Bildmeditation »Das Ohr zur Welt«

▶ Für alle

Foto: Ursula Weßner

Material

Kopien des Bildes

Vorübung

Sie sind eingeladen, still zu werden, innerlich und äußerlich zur Ruhe zu kommen.
Sie sind wach und aufmerksam da. Was hören Sie alles?

Hier im Raum, draußen auf dem Flur. Gibt es Geräusche, die von weiter her kommen, der Straße …? Lauschen Sie! Und machen Sie es sich nochmals bewusst, was die Stille für Überraschungen bereithält.

Bildbetrachtung

Betrachten Sie nun das Bild.
Was ist zu sehen?
Welche Gedanken kommen Ihnen?

Die Satellitenschüssel ist auf Empfang eingestellt. Sie ist schier ein Wunder der Technik, wenn man bedenkt, welche Mengen an Daten verschiedenster Art damit aufgefangen und weitergegeben werden.
Und dann die Taube, ein Wunderwerk der Schöpfung, ein Symbol für den Hl. Geist. Ob Sie da eingeladen sind, fein hinzuhören und gut zu unterscheiden in dem, was Sie so hören, um dann zu entscheiden, von welchem Wort Sie sich leiten lassen?

Wir dürfen uns auch als ein Wunder betrachten.
Was möchte ich alles hören?
Von wem möchte ich etwas hören?
Wie ist Seine Stimme unter den vielen Geräuschen rauszuhören?

Austausch

Was haben Sie Neues gehört? Haben Sie etwas Neues in Ihrem Leben entdeckt?

Abschluss

Mysterium
Die Seele der Dinge
lässt mich ahnen
die Eigenheiten
unendlicher Welten

Beklommen
such ich das Antlitz
eines jeden Dinges
und finde in jedem

ein Mysterium

Geheimnisse reden zu mir
eine lebendige Sprache

Ich höre das Herz des Himmels
pochen
in meinem Herzen
Rose Ausländer

Cordula Leidner

Bildmeditation: Mose am brennenden Dornbusch

▶ Für alle

Der brennende Dornbusch (Marc Chagall)

Material

Beamer oder ausgedruckte Bilder für die Teilnehmenden, Musik als Hintergrund (CD-Player)

Einleitung

Die Beziehungsgeschichte Mose – Gott könnte auf die unterschiedlichste Weise erzählt werden. Mose, dessen Start ins Leben sehr unsicher war, der sich selber immer treu geblieben ist, der das Eintreten für Gerechtigkeit mit der Flucht bezahlt hat, der sich für die einfache Arbeit nicht zu schade war, der aufmerksam, umsichtig und neugierig dem Leben gegenüberstand, Mose, der Gesprächspartner Gottes, der Vermittler zwischen Israel und seinem Gott, verantwortlicher Anführer des Volkes.
Mose, der Bedenken hat und der bei seiner Berufung mit Angst und Selbstzweifel reagiert. Mose, der seinem Gott glaubt.
Mit wem könnte man Mose heute vergleichen?
Mit Bankern? Politikern? Managern? Größen aus dem Showgeschäft?
Oder doch eher mit einem »normalen« Menschen?

Bildbetrachtung

Lassen Sie das Bild auf sich wirken.
Was ist zu sehen? Welche Farben hat der Künstler verwendet?
Welche Gedanken kommen Ihnen zu diesem Bild?
Wie hätten Sie anstelle von Mose gehandelt? –
beim Anblick des nicht verbrennenden Dornbusches und als Gott ihm zurief: »Mose, Mose!«,
und als er ihn zum Pharao schickte mit dem Auftrag, die Israeliten aus Ägypten herauszuführen.
Wie sehr können Sie der Zusage Gottes glauben: »Ich bin mit dir«?

Stille

Austausch

Der Austausch findet in offener Gesprächsrunde statt.

Abschluss

Einladung zum freien Gebet

Der mitfühlende und wohlwollende Gott könnte sprechen:
Ich bin da, wenn du Angst hast.
Ich bin da, wenn du dich ausgegrenzt fühlst.
Ich bin da, wenn du nicht mehr weiter kannst.

Ich bin da, wenn …

Die Teilnehmenden nehmen den Faden auf und ergänzen Sätze aus der eigenen Erfahrung.

Cordula Leidner

Übung zum eigenen Namen

▶ Für alle

Vorbereitung

Stifte, Farben, große Blätter, leise Musik im Hintergrund

Vorübung

Die Teilnehmenden gehen in ihrem eigenen Tempo durch den Raum. Sie werden dabei ruhig, lauschen der Musik, spüren in den eigenen Körper hinein.

Übung

Gemeinsam der Frage nachgehen, ob es notwendig ist, dass man einen Namen hat, dass jeder seinen Namen hat. Die Teilnehmenden bleiben dabei in Bewegung.

Jeder und jede von uns hat einen Namen.
Wer hat mir diesen Namen gegeben?
Gefällt mir dieser Name? Was verbinde ich damit?
Jeder/jede kann nun seinen/ihren Namen laut aussprechen und hören, welche Melodie sich in diesem Namen verbirgt. Sprechen Sie den Namen sooft Sie wollen, spielen Sie mit den einzelnen Silben, verkosten Sie den Klang Ihres Namens.
Versuchen Sie zu erspüren, welche Farben der Name hat. Wenn Sie wollen, sprechen Sie auch die Farbe laut in den Raum.

Suchen Sie sich nun im Raum einen Platz und versuchen Sie, Ihren Namen zu malen, zu schreiben, zu zeichnen. Blätter und Farben stehen zur Verfügung.

Austausch

Was möchten Sie von Ihren Erfahrungen mit sich und Ihrem Namen den anderen mitteilen?

Abschluss

Es ist sehr gut denkbar,
dass die Herrlichkeit des Lebens
um jeden und immer
in ihrer ganzen Fülle bereitliegt,
aber verhängt, in der Tiefe,
unsichtbar, sehr weit.
Aber sie liegt dort,
nicht feindselig, nicht widerwillig, nicht taub.
Ruft man sie mit dem richtigen Wort,
beim richtigen Namen,
dann kommt sie.
Das ist das Wesen der Zauberei,
die nicht schafft,
sondern ruft.

Franz Kafka (1921)

Cordula Leidner

III. Der Herr will, dass ich lebe

Gott will, dass ich lebe.
Eine Aussage, die einen schaudern lässt.
Eine Behauptung, die zum Widerspruch reizt.
Eine Zuwendung, die einen strahlen lässt.
Ein Satz, den man sich auf der Zunge zergehen lassen soll.
Gott will, dass ich lebe, aber er zwingt mich nicht.
Gott will, dass ich lebe, weil Er es gut mit mir meint.
Gott will, dass ich lebe, weil Er vernarrt ist in mich.
Und deswegen hält Er unendlich viele Möglichkeiten bereit,
dass ich auch lebendig werde und bleibe.

Meditation »Die Klagemauer«

▶ Für alle

Foto: Karl Anton Blum

Vorbereitung

Bild von der Klagemauer in Jerusalem
Beamer
Eine leere Streichholzschachtel pro Teilnehmer
Stifte
Zettel in der Größe der Streichholzschachtel
Liedtexte

Einleitung

Die Klagemauer in Jerusalem ist für die Juden eine religiöse Stätte. Viele stecken zwischen die Ritzen der einzelnen Mauerblöcke Zettel mit Gebeten. Es ist ein Ort, mit Gott in Beziehung zu kommen, ihm zu erzählen, wo einem die Sorge umtreibt und die Last drückt. Die Mauer ist zudem für den gläubigen Juden ein Symbol für den ewig bestehenden Bund Gottes mit seinem Volk.
Nelly Sachs, eine deutsche Lyrikerin jüdischer Abstammung, musste vor den Nazis fliehen. Sie hat die Grausamkeit des Regimes erlebt. Als assi-

milierte Jüdin hat sie angefangen, sich mit ihrem Glauben auseinanderzusetzen, und sie hat Gott gefunden. Gott, der angesichts der Gräueltaten, der Angst und Finsternis und wenn einen alles zu verschlingen droht, ganz nah ist.

Bildmeditation

Jeder kann sich Zettel, Stift und Schachtel nehmen.

An die Wand wird das Bild der Klagemauer von Jerusalem projiziert.

Werden Sie ruhig und lassen Sie die »Mauer« auf sich wirken.
Wie ist Ihre Beziehung zu Gott?
Trauen Sie ihm zu, dass Er Sie hört, das Er Sie ernst nimmt in und mit Ihren Anliegen?

Sie sind eingeladen, alles, was Sie bewegt, auf Zettel zu schreiben und in die Schachtel zu legen.
Die Schachtel kann Ihre persönliche »Klagemauer« werden: Was Sie da hineinlegen, hört und sieht Gott.

Austausch

Wie ging es Ihnen mit der Übung?
Was möchten Sie sonst noch erzählen?

Abschluss

Lied: Dir bringen wir die ungelebten Träume

Text u. Musik: Gilmer Torres; Übersetzung: Thomas Laubach. Aus: Eine Welt, 2000. Rechte für die Übersetzung: tvd-Verlag, Düsseldorf.

Meditation »Aufblühen der Rose von Jericho«

▶ Für alle

Material

Schale mit lauwarmen Wasser
Rose von Jericho

Einleitung

Die Rose von Jericho gehört zu den sogenannten Auferstehungspflanzen. Sie ist in den Wüstengebieten von Israel, Jordanien, auf dem Sinai und in Teilen Nordafrikas beheimatet. Bei Trockenheit rollt sie sich kugelförmig zusammen. In der Regenzeit fängt sie an zu leben. Sowie es dann trocken wird, wird sie wieder zum unansehnlichen Knäuel, um bei der nächsten Wassergabe erneut aufzublühen. Man sagt ihr deshalb auch ewiges Leben nach.
Legt man das Knäuel in lauwarmes Wasser, entfaltet es sich zu einer grünlichen Pflanze, deren filigranartige Blätter eine Rosette bilden. Was vorher aussah wie tot, entfaltet sich zu neuem Leben.

Meditation

In der Mitte des Kreises steht die Schale mit lauwarmen Wasser.
Die Rose von Jericho wird in Stille reihum gegeben, sodass jeder sie betasten und anschauen kann. Hat jeder sie in der Hand gehabt, wird sie in die Schale gelegt.
Es wird etwas dauern, ehe die Rose zu »wachsen« anfängt.

Sehen
Die Rose von Jericho – Symbol menschlichen Lebens
Noch liegt sie verdorrt da. Vertrocknet. Wie abgestorben. Ohne Leben. Tot.
Kennen Sie das Gefühl – wie ausgetrocknet zu sein?
Wie in der Wüste zu sein, ausgedörrt und leer?
Kraftlos und ohne Schwung zu sein?
Welche Situationen kommen Ihnen in den Sinn?

Stille

»Du wirst sein wie ein wasserreicher Garten« – das ist die Verheißung Gottes (Hosea).
Trifft diese Verheißung für Sie zu?
Wo haben Sie sie erfahren? Was hat Ihnen in dieser Situation geholfen?
Menschen – eine schöne Erfahrung – Begegnungen – …
Gibt es die Erfahrung, dass Totes, Lebloses wieder lebendig wurde?

Stille

Staunen
Die Rose von Jericho – Symbol österlichen Glaubens
Die Pflanze entfaltet langsam ihre Kraft.
Denken Sie an die Botschaft in der Bibel, dem Buch des Lebens:
Gott will, dass du lebst.
Denken Sie an den Samen in der Erde:
Er stirbt und erwacht zu neuem Leben.
Denken Sie an Jesus, sein Leben und Sterben, seinen Tod und seine Auferstehung:
Gott hat ihn nicht im Tod gelassen.
Jesus hat den Tod überwunden und damit all das, was todbringend ist.

Stille

Schauen Sie zurück auf Ihr Leben. Gibt es Erfahrungen von Neuanfang?
Gibt es Begebenheiten, die sich nahezu als ausweglos darstellten und die sich gewandelt haben?
Gibt es Situationen, Erfahrungen, in denen Ihnen ein Licht aufgegangen ist?
Haben Sie etwas begriffen, was zuvor im Dunkel lag?

Stille

Abschluss

Lied: »Herr, du bist mein Leben«

Cordula Leidner

Meditation »Der Mantel und der Blinde«

Für alle

Vorbereitung

Mantel
Text: »Heilung des Blinden bei Jericho« Mk 10,46–52
Liedtexte

Anleitung

Der Mantel liegt in der Mitte des Kreises.

Folgende Fragen können den Einstieg erleichtern:
Was fällt Ihnen ein, wenn Sie an einen Mantel denken?
Welche Erfahrungen haben Sie mit dem Mantel?

Die Erfahrungen sammeln und gegebenenfalls die expliziten Eigenschaften auf einzelne Zettel schreiben. Dies kann sein: Wärme, Geborgenheit, Schutz, sich verstecken können, ...

Erzählung

Sie kamen in eine Stadt. Mit einer riesigen Menschenmenge verlässt Jesus mit seinen Jüngern die Stadt. Am Weg sitzt ein Blinder. Er ist scheinbar bekannt, er hat einen Namen und man kennt sogar seinen Vater mit Namen. Dieser Bartimäus scheint ein sehr aufmerksamer und wachsamer Mensch zu sein. Er kann trotz der Menge an Menschen und dem sonstigen Verkehr hören, wer da unterwegs ist, und er fängt an, seine Not hinauszuschreien. Und er schreit sie dem entgegen, vom dem er glaubt, dass er helfen kann. Und er schreit, obwohl ihm die Umstehenden wohl sehr vehement das Wort verbieten. Bartimäus lässt sich nicht einschüchtern und von seinem Vorhaben nicht abbringen. Als Blinder widersetzt er sich einer Masse an Menschen. Welche Kraft, Zuversicht, Glaube oder was sonst steckt da dahinter? Offensichtlich keine Angst! Jesus hört ihn oder es wird ihm von ihm berichtet. Jedenfalls ruft ihn Jesus zu sich. Bei den Umstehenden verändert sich etwas: Der Ärger über das Geschrei von Bartimäus ist weg, jetzt wird ihm Mut gemacht, er solle aufstehen, und sie werden ihm wohl auch den Weg freimachen, damit er zu Jesus gehen kann. Wem wohl die Ermutigung wirklich gegolten hat? Was für eine Kraft und Sicherheit und Zielstrebigkeit und Freude ist in dem Blinden! Vielleicht auch noch anderes ... Er wirft den Mantel weg, der ihm Schutz bot, vor Wind und Wetter, vor allzu neugierigen oder abfälligen oder was auch immer für Blicken, der Mantel, der ihm Geborgenheit gab, ...
Er springt auf, einer, der in der Regel auf der Erde sitzt und bettelt und sich wenig bewegt, der springt auf und er läuft. Er schleicht nicht tastend Schritt für Schritt, nein, er läuft, das heißt, er weiß irgendwie, wo sich Jesus befindet. Bartimäus weiß, was er will.
Da kann ihn selbst die Frage von Jesus nicht verunsichern, im Gegenteil

– Bartimäus kann vor Zeugen nochmals klar und deutlich seinen Wunsch vorbringen, einen Wunsch, der abartig ist, der »spinnig« ist. Bartimäus ist blind und das schon lange, vielleicht von Geburt an, und der will jetzt sehen können!

Jesus nimmt ihn ernst. Ob ihn wohl jemand aus der Menschenmenge auch ernst genommen hat? Der Glaube ist es, der ihm geholfen hat, der ihn sehend machte. Und er folgt Jesus auf seinem Weg.

Anschließend den Text langsam Wort für Wort vorlesen.

Die Heilung eines Blinden bei Jericho
^{46}Sie kamen nach Jericho. Als er mit seinen Jüngern und vielem Volk Jericho wieder verließ, saß Bartimäus, der Sohn des Timäus, ein blinder Bettler, am Weg. ^{47}Als er hörte, dass es Jesus aus Nazaret war, rief er laut: Sohn Davids, Jesus, erbarme dich meiner! ^{48}Viele fuhren ihn an, er solle still sein, er aber schrie noch lauter: Sohn Davids, erbarme dich meiner! ^{49}Da blieb Jesus stehen und sagte: Ruft ihn her! Sie riefen den Blinden und sagten ihm: Hab Mut, steh auf, er ruft dich. ^{50}Da warf er seinen Mantel ab, sprang auf und kam zu Jesus. ^{51}Und Jesus fragte ihn: Was willst du, dass ich dir tun soll? Der Blinde antwortete ihm: Rabbuni, dass ich wieder sehen kann. ^{52}Da sagte Jesus zu ihm: Geh, dein Glaube hat dir Heilung gebracht. Und sogleich sah er wieder und folgte ihm auf dem Weg.

Austausch

Welche Situation hat Sie am meisten angesprochen?
Was ist Ihnen neu aufgegangen?

Abschluss

Lied: »Halt mich am Leben« (kann auch als Gebet gelesen werden)

Text: Huub Oosterhuis, Musik: Bernard Huijbers, Übersetzung: Annette Rothenberg-Joerges.
Aus: Du Atem meiner Lieder. 100 Lieder und Gesänge. © Verlag Herder GmbH, Freiburg i. Br. 2009.

Biblische Fantasiereise
»Dass mir doch die Augen aufgehen mögen!«

▶ Für Jugendliche/Erwachsene

nach Anthony de Mello

Dem Wirken Gottes, dem Gott des Jesus von Nazaret im eigenen Leben mehr auf die Spur kommen. Sehen lernen, dass er mir zu mehr Lebendigkeit verhilft.

Vorbereitung

Musik als leise Hintergrundmusik
Mitte gestalten

Körperwahrnehmung

Zu Beginn möchte ich Sie zu einer kurzen Körperwahrnehmungsübung einladen, um anzukommen, um aufmerksam da sein zu können. In der anschließenden Übung geht es darum, zu überlegen, welchen Einflüssen Sie ausgesetzt sind.

Körperwahrnehmungsübung S. 9

Fantasiereise

Den Text langsam mit entsprechend längeren Pausen vorlesen.

Überlegen Sie, welchen Einfluss Jesus auf die
Menschheitsgeschichte gehabt hat …
Und auf Ihr Leben …
Dann unterhalten Sie sich mit ihm:
Sagen Sie ihm, was Sie am meisten bei ihm fasziniert, an ihm neugierig macht …
Hören Sie, was er Ihnen zur Antwort gibt …
Sagen Sie ihm, welche seiner Worte den größten Eindruck auf Sie gemacht hat …
und wie Sie Ihr Leben beeinflusst haben …

Seine Jünger sprechen manchmal davon, wie er in ihrem Leben gegenwärtig ist.
Was verbinden Sie mit dem Wort »Gegenwart«?...
Auf welche Weise – wenn überhaupt – war er Ihnen früher gegenwärtig...
und wie jetzt?...

Er sagte, dass er gesandt sei,
um Sie lieben zu lehren.
Wie sieht die Liebe aus, die Jesus Sie gelehrt hat?
Inwieweit verdanken Sie ihm,
dass Sie ein Liebender/eine Liebende sind?...

Er hat auch Anspruch darauf erhoben,
gesandt zu sein, um das Leben der Menschen zu befreien.
Haben Sie diese Erfahrung gemacht?...
Oder haben Sie sich im Gegenteil durch seine Forderungen und Lehren beengt und bedrückt gefühlt?...
Oder haben Sie beides erfahren:
Bedrückung und Befreiung zugleich?...
In welchen bestimmten Bereichen?

Bevor Ihr Gespräch zu Ende geht,
fragen Sie sich, welchen Einfluss Jesus auf Ihre zurückliegenden Tage gehabt hat...

Und Sie können ihm sagen, wie Sie sich seinen Einfluss vorstellen auf alles, was Sie heute denken und sagen und tun...

Lassen Sie die Begegnung noch ein wenig nachklingen.
Schauen Sie sich in der Runde um.
Wer möchte, kann von seinen Erfahrungen berichten:
Wo fiel das Mitgehen leicht, wo gab es ein Zaudern?

Abschluss

Freies Dank- und/oder Bittgebet oder:

Gebet

Du wartest auf mich,
bis ich geöffnet bin für dich;
ich warte auf dein Wort,
das mich aufschließt.
Stimme mich ab auf deine Stimme,
auf deine Stille.
Huub Osterhuis

Reflexion »Mein Leben, ein Perlenkranz«

▶ Für Jugendliche und Erwachsene

Material

Dünner Nylonfaden
Perlen in verschiedenen Farben und Größen
Schälchen für die verschiedenen Perlen

Einleitung

Im Rückblick auf das eigene Leben ist Gottes Wirken immer wieder zu entdecken. Man kann sehen lernen, wie die eigene Blindheit durchlässig wurde, oder man wieder auf die Beine kam, oder wie man wieder die richtigen Worte zum richtigen Zeitpunkt fand, oder, oder …
Im Zurückschauen kann einem nochmals ein Licht aufgehen, wie man die Beziehung zu Jesus gesucht und gepflegt hat.

Meditation

Die Teilnehmer sitzen schweigend im Kreis um einen Tisch.

Für alles, was Sie in Ihrem Leben entdecken, wählen Sie eine Perle. Fädeln Sie der Reihe nach die »gefundenen« Perlen auf den Faden.
Ebenso können Sie Ihrem Dank und Ihrer Bitte eine Perle zuordnen und auffädeln.

Schauen Sie auf Ihr Leben zurück:
Welche Menschen waren Ihnen in Ihrem Leben bisher wichtig?
Durch wen ist Ihnen Gutes geschehen?
Wofür wollen Sie danken?
Worum wollen Sie bitten?
Betrachten Sie Ihr Perlenband und überlegen Sie, wie Sie damit umgehen möchten.

Austausch

Offene Austauschrunde

Abschluss

Lied: »Groß sein lässt meine Seele den Herrn« (Troubadour 538)
oder
Gebet
Du führst uns
Wie unterschiedlich
Du Menschen führst,
die sich Dir anvertrauen!
Wie zart
Du in der Stille zu uns sprichst!
Wie einfühlsam
Du uns begleitest!
Wie entschieden
Du aber auch
etwas verlangen kannst
mit der ganzen Autorität
des Allmächtigen
des All-Liebenden.
Wie demütig
Du oft vor unserer Türe wartest,
bis wir nach einer Zeit
der Verschlossenheit und Verbitterung
Dir wieder trauen
und Dich wieder einlassen.
Denn Du kannst warten
Wie keiner.
Martin Gutl

Variante für Kinder

Im gemeinsamen Gespräch kann man auf die letzte Woche zurückschauen.

- Was gibt es für Ereignisse? Welche Perle könnte passen?
- Welche Personen waren wichtig? Welche Perle könnte die richtige sein?
- Wofür soll gedankt werden? Welche Perle drückt das aus?
- Worum soll gebitten werden? Mit welcher Perle soll das geschehen?

Gemeinsam überlegen, wie jeder mit dem Perlenband umgehen kann.

Metaphermeditation »Leben ist für mich wie ...«

▶ Für Jugendliche und Erwachsene

Material

Papier und Stifte
eventuell ruhige Musik im Hintergrund

Vorbemerkungen

»Metapher« kommt aus dem Griechischen und heißt wörtlich »übertragen«. In diesem Sinne wird es hier in der Übung auch gebraucht. »Leben«, eine abstrakte Wirklichkeit, soll in Bildern ausgedrückt werden, um das, was es ausmacht, tiefer, vielfältiger wahrnehmen und vermitteln zu können.

Jeder Teilnehmer bekommt einen Stift und 5 bis 8 kleine Zettel.
Nach einer Zeit der Stille werden die Kärtchen, mit der beschriebenen Seite nach unten, in die Mitte gelegt.
Sobald alle fertig sind, werden die Kärtchen gemischt und verteilt. Reihum werden sie jeweils einzeln in Ruhe vorgelesen.

Übung

Versuchen Sie, ruhig zu werden, nehmen Sie Ihren Atem wahr, wie er kommt und geht, ohne Ihr Zutun.

Stille – Musik kann jetzt im Hintergrund angestellt werden.

Lassen Sie nun die Aussage: »Leben ist für mich wie …« auf sich wirken. Schreiben sie jeweils Ihre Bilder auf ein Kärtchen.

Stille – nur Musik. Wenn alle fertig sind, werden die Kärtchen in die Mitte gelegt. Die Teilnehmenden können eine Karte aufnehmen und vorlesen, bis alle Metaphern genannt wurden.

Hören Sie die Bildern der anderen.
Welche Metaphern kamen Ihnen vertraut vor?
Von welchen waren sie überrascht?
In welcher Metapher der anderen finden Sie sich wieder?

Austausch

Abschluss

Jeder, der möchte, kann sich die Metapher mitnehmen, die ihn am meisten berührt hat.

IV. Der Herr will Beziehung mit mir

Gottes Beziehung zu uns ergreift den gesamten Menschen – das bedeutet, dass die Auseinandersetzung damit nicht nur in unseren Köpfen passiert, sondern auch unser Innerstes erfasst. In wenigen Sätzen ist dies bei Jeremia zu lesen: Im Mutterschoß hat Gott ihn ausersehen. Jeremia weist das Ansinnen Gottes zurück, weil er sich zu jung fühlt und nicht reden kann und weil er Angst hat. Gott nimmt ihn ernst, er bietet sich als Gefährten an: Fürchte dich nicht, denn ich bin mit dir.
Ob Zacharias oder Maria, Petrus oder Paulus oder Menschen unserer Zeit, wer immer sich auf die Beziehung zum Herrn einlässt, kommt ins Schwingen und Zittern und neues, anderes Leben ist ihm gewiss.

Bildmeditation »Gespräch am Jakobsbrunnen« (Joh 4,4–26)

▶ Für Erwachsene

Holzschnitt von Salomon Raj

Material

Kopien des Bildes

Meditation

Das Bild, ein Holzschnitt, zeigt zwei Menschen. Die Frau steht rechts hinter dem Brunnenrand und hat einen Krug in Händen. Der Mann sitzt auf dem Brunnenrand und gestikuliert. Man hat fast den Eindruck, als schaute man durch ein Schlüsselloch.
Vielleicht ist es ja auch nicht für die Öffentlichkeit gedacht! Es gehört sich nicht, dass ein frommer, strenggläubiger Jude mit einer fremden, heidnischen Frau spricht. Dennoch scheint es, als hätten die beiden mehr miteinander zu reden, als sich nur einen »Guten Weg« und »Guten Tag« zu wünschen.
Es geht um mehr: um Erinnerungen, die mit dem Ort verbunden sind,

um die Geschichte des Volkes und des Landes. Sychem, übersetzt »Ackerteil«, hat mit der Geschichte Jakobs zu tun, und damit wird das Beziehungsgeschehen Gott – Jakob – Volk lebendig. Brunnen sind immer auch ein Ort der aktuellen Begegnung.

Bleiben Sie in dem Bild ...
Was sind Ihre Gedanken, Ihre Gefühle? ...
Versuchen Sie die Rolle der Samariterin einzunehmen. ...
Wie geht es Ihnen, wenn Jesus Sie um Wasser bittet? ...
Wie reagieren Sie? ...
Was ist für Sie die Gabe Gottes? ...
Was bedeutet für Sie »lebendiges Wasser«? ...

Längere Stille

Jesus bleibt im Gespräch. Er lenkt die Rede auf die Wahrheit, auch wenn die Frau sich ihrer Wahrheit nicht so recht stellen mag. Sie lenkt ab und diskutiert theologische Probleme. Jesus geht nicht darauf ein: Gott ist Geist und will in Wahrheit angebetet werden. Kann das heißen, dass man in die Wahrheit seines Lebens kommen muss, egal wie die aussieht?! Welch tief greifende Erfahrung muss es doch für die Samariterin gewesen sein, von Jesus auf den Kopf zugesagt zu bekommen, »was sie getan hat«, dass sie eben das zum Aufhänger ihres Glaubenszeugnisses macht! Und in dieser Beziehung zu Jesus selbst Quelle lebendigen Wassers wird.

Versuchen Sie, sich in die Rolle der Samariterin zu stellen, wenn Jesus ihr die Wahrheit sagt.
Was denken und empfinden Sie? ...
Spüren Sie der eigenen Sehnsucht nach Wahrheit nach. ...

Austausch

Was haben Sie Neues erfahren über die Frau und über sich?

Abschluss

Es kann die Textstelle (Joh 4,4–26) gelesen werden.

Herr, schenke uns Mut zu uns selber
und lass uns mit Deiner Hilfe uns immer mehr finden.
Sei Du um uns mit Deinem Segen.

Cordula Leidner

Betrachtung »Getragen und umfangen«

▶ Für Erwachsene

Material

Gestaltung der Mitte
Seil oder roter Faden (Zeichen für den Lebensweg)
2 große ausgeschnittene Buchstaben: A und Ω (Zeichen für Anfang und Ende)

ICH BIN im Anfang und im Ende deines Lebens. Ganz herrlich besingt das auf seine Weise der Beter des Psalms 139.

Gemeinsames Beten

Psalm 139 (GL 755)

Anschließend kurze Stille

Du umschließt mich von allen Seiten und legst deine Hand auf mich. (139,4)
Leite mich auf dem altbewährten Weg. (139,20b)
Du umfängst mich ...
Mein Leben ist also noch mehr als gehalten; es ist umfangen – liebevoll – und ich werde geführt – und auch getragen.

Lassen Sie sich das einmal auf der Zunge zergehen.
Der hl. Ignatius gebraucht dazu das Wort *verkosten*.
Er lädt uns ein, die Dinge von innen her zu verkosten.

Übung

Setzen Sie sich aufrecht, so gut wie Sie das heute können, auf Ihren Stuhl.
Die Füße suchen den Kontakt zum Boden.
Die Hände liegen auf den Oberschenkeln.
Wenn es Ihnen möglich ist, schließen Sie die Augen.

Gott,
ich bin da.
Hier in diesem Raum, –

auf diesem Stuhl. –
Andere sind auch da. –
Öffne meine Ohren,
öffne mein Herz, damit ich
deine Botschaft in mich aufnehmen kann.

Kurze Stille

Legen Sie nun die rechte Hand wie eine Schale in den Schoß. –
Ich bin gehalten. –
Ich bin getragen. –

Kurze Stille

Legen Sie die linke Hand (wie ein Kreuz) über Ihre »Schale«. –
Ich bin umfangen. –
Ich bin liebevoll umfangen. –

Kurze Stille

Ich bin getragen und liebevoll umfangen.

Sprechen Sie diese Worte in Ihrem Inneren nach – immer wieder.

Stille oder Musik (z. B. eine Vertonung von Psalm 139 oder eine andere meditative Musik)

Du trägst und umschließt mich liebevoll von allen Seiten …
Zu wunderbar ist dieses Wissen, zu hoch – ich kann es nicht begreifen.
(nach Ps. 139) – Amen.

Austausch

Wie ging es Ihnen während dieser Übung?
Woran wurden Sie erinnert?

Zum Abschluss kann die folgende Einladung ausgesprochen werden.

Ich darf nicht nur die Hände in den Schoß legen, ich soll sogar!
Dabei spielt das Alter keine Rolle und auch nicht, wie viel oder wenig Zeit zur Verfügung steht. Diese Übung eignet sich sehr gut auch für Ihren Alltag.
Probieren Sie es einmal zum Beispiel in der Straßenbahn, im Bus oder kurz vor der Reise in den Urlaub. Sie können es auch im Wartezimmer

des Zahnarztes oder bei der Arbeitsagentur, auf der Gartenbank oder vor dem Gottesdienst machen. Einfach die Hände in den Schoß legen –
Ich bin getragen und umfangen ... Ich bin getragen und umfangen ... auch meine Mitmenschen sind getragen und umfangen. Danke, guter Gott.

Ursula Weßner

Betrachtung »Weggefährten meines Lebens«

▶ Für Erwachsene

Vorübung

Werden Sie still, kommen Sie innerlich zur Ruhe. Nehmen Sie wahr, wie Sie da sind; Gedanken ... Gefühle ... Sie dürfen sie kommen lassen, »in die Hand nehmen«, sie benennen, behutsam ablegen.

Kurze Stille

Versuchen Sie nun, sich an das Bild von Abraham, dem Träger der Verheißung, vor seinem Zelt zu erinnern. Stellen Sie sich die Szene vor, wie er die drei Männer empfängt. Er nimmt sie auf, er bewirtet sie und begegnet in ihnen Gott, der im die Verheißung zusagt. Er empfängt durch die Engel die Botschaft, die sein Leben prägt. (Gen 18)

Lesung (Gen 18,1-10)

Der Herr erschien Abraham bei der Terebinthe von Mamre, als er um die heiße Tageszeit am Eingang seines Zeltes saß. ²Er erhob seine Augen und siehe, da standen drei Männer vor ihm. Sowie er sie sah, eilte er ihnen vom Eingang des Zeltes aus entgegen, verneigte sich bis zur Erde ³und sagte: Mein Herr, wenn ich in deinen Augen Gnade gefunden habe, dann gehe an deinem Knecht nicht vorüber. ⁴Man bringe etwas Wasser, dann wascht euere Füße, legt euch unter den Baum. ⁵Ich hole unterdessen einen Bissen Brot, damit ihr euch stärkt; dann mögt ihr weitergehen. Denn dazu seid ihr doch bei euerem Knecht vorübergekommen. Sie sprachen: Tu, wie du gesagt hast! ⁶Nun eilte Abraham in das Zelt zu Sara und sprach: Nimm rasch drei Maß feines Mehl, knete und backe Kuchen! ⁷Darauf lief Abraham zu den Rindern, nahm ein zartes, kräftiges Kalb und übergab es dem Knecht, damit er es rasch zubereite. ⁸Dann holte er Butter und Milch und das zubereitete Kalb und setzte es ihnen vor. Während sie aßen, stand er vor ihnen unter dem Baum. ⁹Dann fragten sie ihn: Wo ist deine Frau Sara? Er antwortete: Hier im Zelt. ¹⁰Da sprach er: Ich werde im nächsten Jahr um diese Zeit wiederkommen, dann hat deine Frau Sara einen Sohn.

Übung

Versuchen Sie, sich an Ihre Kindheit zu erinnern, an Menschen, die wichtig waren für Ihren eigenen inneren Weg.
Ist da eine Gestalt, die Sie »Träger einer Verheißung für Ihr Leben« nennen könnten?
Was hat sie Ihnen geschenkt? Wie tief lebt diese Verheißung heute noch in Ihnen? Mögen Sie – wollen Sie dieser Botschaft trauen?

Stille

Sie gehen zurück in die Zeit, in der Sie als Jugendliche oder Jugendlicher Menschen begegnet sind, die eine einzigartige Botschaft für Sie hatten: Wer ist für Sie die Gestalt, der Sie damals voll trauten?
Wie würden Sie heute die Verheißung nennen, die sie für Sie bereithielt?
Hat sie Ihnen die Gestalt aufgezeigt, in der Sie selber »Träger von Verheißung« auch für andere werden könnten?

Stille

Gibt es in Ihrem Erwachsenenalter eine Gestalt, die für Sie eine Zusage hatte, der Sie trauen konnten und durch die Sie eingeladen waren, daraufhin eine Entscheidung oder sogar eine Lebensentscheidung zu wagen?
Sie erleben sich vor diesem Menschen und nehmen noch einmal das Geschenk der Verheißung an.
Bitten Sie Gott, Sie bereit zu machen, der Verheißung, die Er Ihnen durch diesen Menschen geschenkt hat, zu trauen.

Stille

Versuchen sie, sich die Verheißungen, die Geschenke, … in Farbe, Symbol, Form oder Wort vorzustellen. Bewahren Sie dieses Bild oder Wort in Ihrer Erinnerung.

Stille

Versuchen Sie, in Stille vor Gott, in Ihnen das Ja zu finden, wie Sie es heute auf die erfahrene Verheißung hin geben können.

Stille

Können Sie Zweifel, Unsicherheiten, Mutlosigkeit … Ihm überlassen und sich für eine »Entscheidung zur Hoffnung« bereitstellen?

Austausch

Falls die Gruppe sehr vertraut ist, kann an dieser Stelle ein Austausch in Zweiergesprächen stattfinden.

Abschluss

Gemeinsames Gebet und Segen

Hildegard Ehrtmann

Fantasiereise »Zurück an die Quelle«

▶ Für alle

Vorübung

Nehmen Sie sich wahr, wie Sie hier sein können. Versuchen Sie, eine innere und äußere Haltung einzunehmen, sodass Sie wach und aufmerksam da sein können.

Fantasiereise

Langsam und mit entsprechenden Pausen wird der Text vorgelesen

Eine kleine Gruppe von Menschen hat sich zu einer Wanderung verabredet ...
Sie treffen sich außerhalb der Ortschaft an einem großen Baum ...
Sie begrüßen sich und machen sich dann auf den Weg.
Dieser führt an einer Wiese entlang ...
Nach einiger Zeit kommen Sie an ein Flüsschen.
Sie beschließen eine Rast einzulegen ...
Es gibt vieles zu hören und zu sehen ...
Von irgendwoher ist eine Stimme zu hören ...
Sie halten Ausschau, um zu erkennen, zu wem sie gehört ...
Deutlich ist die Einladung zu vernehmen, geh an die Quelle ...
Sie machen sich wieder auf den Weg. Nach kurzer Zeit treffen Sie einen Mann – oder vielleicht ist es eine Frau? ...
Sie kommen ins Gespräch und fragen nach dem Weg zur Quelle ... Sie schauen sich um und merken, dass Sie allein sind.
Diese Tatsache scheint nicht bedrohlich zu sein. Es gibt eine Ahnung, nicht allein zu sein ...
Der Weg führt bergauf durch einen Wald. Nach einiger Zeit wird der hohe Wald niedrig und hört dann ganz auf. Sie kommen an eine Hütte, die Tür ist offen, Sie treten ein. Der Raum ist voll mit unterschiedlichen Gegenständen.
Sie gehen von einem zum anderen ...
Manches kommt Ihnen vertraut vor ...
Sie bleiben stehen und lassen die Erinnerungen aufsteigen ...
Sie erinnern sich an Menschen, die Ihnen wichtig waren ...

Wofür waren sie wichtig? ... All diese Begegnungen hatten Auswirkungen auf Ihr gesamtes Leben ...
Mit den Erinnerungen im Herzen verabschieden Sie sich.
Sie verlassen die Hütte und setzen sich auf ein Bänkchen und spüren der Frage nach, ob dies wohl Ihre Quelle ist ...

Längere Stille

Kommen Sie nun an Ihren Ausgangsort zurück. Dies kann erleichtert werden, indem Sie sich bewegen, recken und strecken.
Austausch

Abschluss

Gebet
Es ist ein Wunder, wie lebendige Begegnung geschieht.
Sie lässt sich nicht befehlen und nicht erzwingen.
Sie ereignet sich absichtslos, ist grundlegend und wegweisend.
Lebendige Begegnung ist ein Geschenk, das sich nicht machen nur annehmen lässt, wann immer unser Herz angerührt wird. Amen.

Cordula Leidner

Bildbetrachtung »Was soll das?«

▶ Für alle

Fußwaschung, St. Gilles, Foto: Cordula Leidner

Material

Kopien des Bildes oder Beamer zum Projizieren

Betrachtung

Schauen Sie sich das Bild zunächst in Stille an:
Was ist zu sehen? Welche Gedanken und Gefühle tauchen auf?

Kurze Zeit der Stille, dann die Betrachtung langsam vorlesen.

Drei Männer, einer schaut, einer wäscht dem anderen die Füße, und dieser wiederum fasst sich mit dem Finger der rechten Hand an die Stirn. Ist es ein Ausdruck intensiven Nachdenkens oder größtem Unverständnisses oder zeigt er ihm gar den Vogel?! – Wir wissen es nicht. Aber wäre es nicht nachvollziehbar, wenn er, Petrus, ihm, Jesus, den Vogel zeigen würde? Jesus, der Meister, bindet sich ein Tuch um und fängt an, dem Petrus die Füße zu waschen. Ist das nicht wie eine verkehrte Welt? Die Vorstellungen von Macht und Ansehen kommen durcheinander, wenn der Herr und Meister sich zum Diener macht. Man weiß nicht so recht, was man denken soll. Was will er bezwecken? Will er mit diesem Tun nochmals seine Liebe zum Menschen handgreiflich, spürbar zum Ausdruck bringen?
Diese Art von Nähe und Fürsorge kennen wir in erster Linie aus der Kindheit. Da ist jemand, der sich ganz und gar um uns kümmert, weil er uns liebt.

Stille

Welche Erinnerungen haben Sie, wenn Sie an Nähe und Fürsorge denken?

Stille

Wie ginge es Ihnen, wenn Sie an der Stelle von Petrus wären? Was wären Ihre Gedanken ... Gefühle?

Stille

Können Sie glauben, dass Jesus auch Ihnen nahe sein möchte?

Stille

Austausch

An dieser Stelle kann ein Austausch in Kleingruppen stattfinden. Frage: Was hat Sie bei der Betrachtung bewegt?

Abschluss

Textstelle (Joh 13,1–20) vorlesen oder:

Gebet
Lass mich dich verstehen, o Gott,
auch wenn ich oft nicht begreifen kann,
warum etwas geschieht.
Lass mich dich erkennen, o Gott,
auch wenn ich oft nicht ahne,
wie gegenwärtig du in allem bist.
Lass mich an dich glauben, o Gott,
auch wenn ich oft auf viele Fragen
keine Antwort finde.
Lass mich auf dich hoffen, o Gott,
auch wenn ich oft nicht weiß,
ob ich noch Hoffnung habe.
Lass mich dich suchen, o Gott,
auch wenn ich oft die Sehnsucht tief in mir
viel zu wenig achte.
Lass mich nicht los, o Gott,
auch wenn ich dich vergesse und
viel zu selten an dich denke.
Paul Weismantel

Cordula Leidner

Textmeditation
»Ich Spinner…«

▶ Für Jugendliche/Erwachsene

Material

Kopien des Textes, Blätter, Stifte

Vorübung

Kommen Sie innerlich und äußerlich zur Ruhe. Gehen Sie der Frage nach, wie Sie jetzt hier sein können.
Bleiben Sie im Schweigen, wenn der Text vorgetragen wird, und ebenso, wenn Sie sich mit dem Text beschäftigen.
In dem kurzen Text von Andrea Schwarz blitzt eine wunderbare Leichtigkeit und Zärtlichkeit auf.

Kopiervorlage

Ich
Spinner
Träumer
Wolkentänzer

spiele
das Leben

dir zu

und freu mich
klammheimlich
über dein
verdutztes Gesicht
Andrea Schwarz

Schreiben Sie den Text ab mit der Möglichkeit einiger Veränderungen. Setzen Sie anstelle des »Ich« Ihren eigenen Namen und erweitern Sie die Zuschreibungen im Blick auf sich selber. Das »dir« im dritten Abschnitt fassen Sie konkreter: »dir, Jesus, zu«
Lassen Sie den Text so auf sich wirken.
Was hat sich verändert im Denken und Fühlen?
Anschließend schreiben Sie den Text ein zweites Mal ab. Für das »Ich« setzen Sie diesmal Jesus ein. Erweitern Sie die Liste der Zuschreibungen über Jesus mit Begriffen, die zu dem passen, der er für Sie ist. Das »dir« im dritten Abschnitt wird mit dem eigenen Namen ergänzt.
Lassen Sie den Text auf sich wirken.
Wie geht es Ihnen damit?

Austausch

Welche Variante fiel Ihnen leichter? In welcher Situation fühlten Sie sich wohler?

Abschluss

Gebet
Der Herr segne dich mit allem Guten,
und er bewahre dich vor allem Bösen,
und er erleuchte dein Herz mit der Einsicht,
die zum Leben führt,
und er schenke dir die Gnade ewiger Erkenntnis,
und er halte dich mit unendlicher Liebe in seinem Blick
und schenke dir Frieden zu jeglicher Zeit. Amen.

Cordula Leidner

Bibelmeditation »Darum freut sich mein Herz«

▶ Für Jugendliche/Erwachsene

Vorbereitung

Bibelstelle Ps 16, Verse 1–3, 6–9, 11
Meditative Instrumentalmusik
Papier, Malstifte
Lied (Behüte mich Gott, Taizé)

Anleitung

Bibeltext wird vorgelesen. Es ist gut, wenn die Teilnehmer/Teilnehmerinnen den Text mitlesen können.

Psalm 16, Verse 1–3, 6–9, 11

¹Behüte mich, Gott, ich nehme zu dir meine Zuflucht. / ²Ich sage zum Herrn: Du bist mein Gebieter, / ich habe kein Gut außer dir!
³An den Heiligen, die auf Erden sind, / an den Herrlichen hab ich all mein Gefallen.

⁶Mir fiel das Los auf liebliches Land, / gar wohl gefällt mir mein Erbe.
⁷Ich preise den Herrn, weil er Einsicht mir gab, / weil das Herz mich mahnt sogar in der Nacht.
⁸Allezeit habe ich vor Augen den Herrn, / er steht mir zur Rechten, dass ich nicht wanke.
⁹Darum freut sich mein Herz, es frohlockt meine Seele, / und auch mein Leib wird ruhen in Frieden.
¹¹Den Weg des Lebens lässt du mich schauen, / vor deinem Angesicht die Fülle der Freude, / Wonne zu deiner Rechten auf ewig.

Zeit zur stillen Betrachtung des Psalmtextes. Anschließend wird die Meditation in meditativer Weise vorgetragen. Leise Instrumentalmusik kann als Hintergrund verwendet werden. Diese sollte einen ruhigen Charakter haben, der von einer frohen Grundstimmung geprägt ist.

Meditation

Darum freut sich mein Herz!
Was heißt hier mein Herz?
Dieses innere gute Stück in mir
das mir manchmal auch Mühe bereitet
sich heftig wehrt und hämmert
und mir hin und wieder deutlich zeigt
dass es etwas zu sagen hat.

Mein Herz
mein Inneres
mein Zentrum
das, was mich fühlen lässt
dass ich bin
dass ich lebe.

Mein Herz
mein Dasein
es kommt nicht aus sich allein
es ist verwiesen auf einen Größeren.
Und das ist gut so
beruhigend

wie wenn eine kleine Kinderhand
in einer großen warmen Hand ruhen darf.

Ich vertraue dir, Herr,
mein ganzes Glück bist du allein.

Wie ängstlich ist es doch oft, mein Herz
wie sorgenvoll, fragend und zweifelnd.

Und wie oft geschieht es gerade dann unerwartet
dass mir etwas zufällt
was meiner Seele guttut
nicht vorhersehbar, nicht machbar, nicht käuflich.

Mag es belanglos sein für viele
kann es für mich von größter Bedeutung sein:
ein Zeichen am Wegrand
eine Begegnung, ein Winken, ein Händedruck
ein Augenzwinkern, ein Wort, ein Lied
eine Einladung
ein schweigend strahlendes Gesicht.

Wodurch ich mein Herz berühren lasse
hängt von mir selbst ab.
Öffne ich meines Herzens Tür
dann kann Licht in meine innere Kammer hineinfallen.

Doch oh wie sorgsam vermeide ich es manchmal
Licht in meine Herzenskammer einzulassen.
Es könnten dunkle Winkel zum Vorschein kommen
man könnte so etwas wie Spinnweben entdecken …

Aber es gibt nichts, wo ich nicht mit einem seidenen Tuch
mal eben entlangstreifen könnte
liebevoll, interessiert, staunend.

Auf dass sie wieder zu neuem Glanz erstrahlen mögen
die großen und kleinen Schätze in meinem Herzen.

Und siehe – da ist einer bei mir
der mittut, der hilft
und der sich freut über den Glanz in meinem Herzen.

Einer, der sich auskennt in meinem Herzen.
Ob er vielleicht darin wohnt?
Cäcilia Kittel

Impulse

Auf andere Rücksicht nehmen, Geduld für die Kinder aufbringen, sich für jemanden Zeit nehmen – das mag für uns meist selbstverständlich sein.
Wie aber gehe ich mit mir selbst um?

Gab es Momente in meinem Leben, in denen meine Seele aus tiefer, wahrer Freude gejubelt und frohlockt hat? – Ich darf mir Zeit zur Erinnerung an diese Situation(en) nehmen.

Paulus sagt: »Wisst ihr nicht, dass ihr Gottes Tempel seid und der Geist Gottes in euch wohnt?« (1 Kor 3,16). Gebe ich der Beziehung zu Gott/ zum Heiligen Geist genügend Raum in meinem Leben? Wie pflege ich diese Beziehung? Was hilft mir, sie zu stärken und lebendig zu halten?

Austausch

Die Teilnehmer/Teilnehmerinnen werden eingeladen, sich in folgender Reihenfolge auf die Impulse einzulassen:
1. Einzelarbeit: Gedanken niederschreiben oder Bild malen (etwa 10 bis 15 Minuten)
2. als Paar: Austausch über Gedanken bzw. das gemalte Bild (etwa 15 Minuten)
3. Austausch in der Gesamtgruppe (Zeit nach Bedarf)

Abschluss

Lied aus Taizé: Behüte mich Gott

V. Ich will Beziehung

Ich will Beziehung
zu mir,
zu anderen,
zum Herrn

Die Frage »Wer bin ich?« ist so alt wie die Menschheit. Sich selber immer mehr auf die Spur zu kommen, ist Sehnsucht und Herausforderung, aber es gibt dafür kein Einheitsrezept. Dennoch können wir uns gegenseitig auf verschiedenen Wegen bei der Klärung dieser Frage unterstützen.

Fantasiereise »Der innere Freund«

▶ Für alle

Anleitung

Schließen Sie die Augen und konzentrieren Sie sich darauf, wie der Atem aus- und einströmt, immerzu.
Stellen Sie sich vor, Sie sind auf einer Wiese …
Schauen Sie sich um. Was sehen Sie? … Welche Geräusche sind zu vernehmen? … Was riechen und spüren Sie? … Sie haben Zeit, all dem Beachtung zu schenken … Sie entdecken einen Weg und gehen ihn langsam entlang. In der Ferne ist ein Rauschen zu hören. Sie kommen an einen kleinen Fluss. Sie laufen am Ufer entlang, bleiben stehen und betrachten Ihr Bild im Wasser …

Nach einiger Zeit spüren Sie, dass jemand neben Ihnen steht, Sie fühlen sich ganz sicher. Sie schauen weiter auf das Wasser und Ihr Bild. Sie merken, wie ein weiteres Bild auf der Wasseroberfläche erscheint. Es zeigt jemanden, den Sie schon lange kennen. Sie sind sich vertraut …
Dieser Mensch, der Ihnen Freund oder Freundin ist, gibt Ihnen ein Zeichen, ihm über eine kleine Brücke zu folgen. Sie gehen ihm nach und steigen einen Hügel hinauf. Von Zeit zu Zeit blicken Sie sich um. Sie schauen, welchen Weg Sie schon zurückgelegt haben …
Oben auf dem Hügel steht ein uralter mächtiger Baum. Sie setzen sich unter diesen Baum. Ihr Freund/Ihre Freundin beginnt von sich zu erzählen …

Wenn Sie dem Freund/der Freundin eine Frage stellen wollen, tun Sie dies. Wie immer die Antwort sein mag, lassen Sie sich überraschen.
Ihr Freund/Ihre Freundin gibt Ihnen zu verstehen, dass Sie ihn/sie jederzeit aufsuchen können. Er/sie wird immer für Sie da sein.
Sie bedanken sich und gehen den Weg wieder zurück. Sie überqueren die Brücke und betrachten sich nochmals im Wasser.
Achten Sie darauf, wie sie sich jetzt fühlen, während Sie den Weg zurück zu der Wiese gehen. Werfen Sie nochmals einen Blick auf die Wiese und gehen Sie dann weiter ins Jetzt.
Öffnen Sie langsam die Augen.

Austausch

Was haben Sie alles erlebt?
Wie leicht oder schwer taten Sie sich mit dem Weg?
Wollen Sie etwas von der Begegnung erzählen?

Abschluss

Gebet
Gott mit uns,
so hat er es uns versprochen,
damals bei der Verkündigung des Engels,
später im Namen seiner Menschwerdung,
und immer wieder neu in seinem Wort,
das hilft und heilt, stärkt und tröstet.

Gott für uns,
so hat er sich uns erwiesen,
als Urgrund und Wagnis der Liebe,
als schöpferische Kraft,
als Freund in der Fremde,
als Schutz und Befreiung im Leben.

Gott in uns,
so hat er sich unter uns verborgen
und gezeigt, versteckt und geoffenbart
im Geheimnis seiner immerwährenden
Weihnacht und Hingabe an uns alle.
Paul Weismantel

Cordula Leidner

Blumen-Meditation »Einheit in Vielfalt«

▶ Für alle

Material

Jeder Teilnehmer erhält eine Blume. In der Mitte steht eine Vase mit Wasser bereit. Eventuell Kärtchen und Stifte für Impulsfragen bereitlegen.

Anleitung

Text langsam vorlesen.

Meditation

In meiner Hand halte ich eine Blume.
Für eine gewisse Zeit ist es *meine* Blume.
Ich nehme mir einige Augenblicke Zeit,
die Blume zu betrachten.

Meine Blume hat Farben: Rosa, Gelb, Rot ...
Sie hat einen Stiel
Blütenblätter
vielleicht hat meine Blume auch Dornen ...
Ich betrachte das Grün meiner Blume.

Und ich nehme meine Hände wahr, die die Blume halten.
Wie fühlen sie sich an?
Angespannt? Unsicher? Gelassen?

Eine Blume für sich allein ist noch kein Strauß,
dazu bedarf es mehrerer Blumen,
die sich zusammentun.

Meine Augen nehmen Kontakt auf zu den Blumen,
die von anderen Händen gehalten werden.
Vielleicht fällt mir eine andere Blume auf,
die eine ganz andere Farbe trägt als meine Blume,
oder vielleicht entdecke ich eine Blume, die meiner ähnlich ist.

In unserer Mitte steht eine Vase mit frischem Wasser,
die bereit ist, einen Strauß aufzunehmen.
Ich bin eingeladen,
meine Blume hineinzugeben.
Meine Blume soll ein Teil des Straußes werden,
ja, sie soll überhaupt erst ermöglichen,
dass ein bunter Blumenstrauß entstehen kann.

Die Teilnehmer stellen ihre Blume in die Vase.

Ein Strauß ist entstanden.
Viele Blumen nebeneinander bilden den einen Strauß,
gehalten von der Vase,
genährt vom selben Wasser.

Es gibt sie noch, *meine* Blume.
Sie hat ihren Platz und ihre Bedeutung
neben den anderen.
Würde ich sie herausnehmen, würde etwas fehlen.
Sie ist zu einem Teil des Straußes geworden,
ohne sich selbst aufzugeben.

Meine Blume macht sich ganz gut
neben den Nachbarblumen.
Sie bringt sich mit ihren Farben und Formen in das Ganze ein.
Der Strauß ist vielfältig und bunt geworden.
Der Strauß ist einmalig,
kein zweiter sieht genau so aus wie dieser.
Ein schöner, bemerkenswerter Strauß ist entstanden.
Einheit in Vielfalt.
Und doch gibt es sie noch, *meine* Blume.

Auswahl von Impulsfragen

Haben Sie einen Blick für die Menschen, die mit Ihnen auf dem Weg sind? Für die Einzigartigkeit jedes Menschen? Können Sie ihr Anderssein annehmen und als Bereicherung sehen?
Haben Sie Mut und Selbstvertrauen, sich mit dem, was Ihnen eigen ist, nach Ihren Möglichkeiten einzusetzen? Oder vergraben Sie Ihre Talente und achten Sie diese gering?

Was können und wollen Sie ganz persönlich in unser Vorhaben (...) einbringen?
Welche Fähigkeiten besitzen Sie? Was geht Ihnen leicht von der Hand?
Wo können Sie dagegen eher von anderen etwas lernen und annehmen?

Bei Verwendung von Impulsfragen können Kärtchen und Stifte verteilt werden. In diesem Fall ist etwas mehr Zeit einzuplanen.

Austausch

Was ist Ihnen neu aufgegangen? Gibt es etwas, worauf Sie in Ihrem Alltag verstärkt achten wollen?

Abschluss: Segen

Gott, segne uns mit der Leichtigkeit des Vertrauens.
Gott, segne uns mit den Farben des Wachsens.
Gott, segne uns mit der Freude an Beziehung. Amen.

Cäcilia Kittel

Erinnerungsübung »Ort des Vertrauens und Dankens«

▶ Für alle

Mit unserer Vorstellungskraft und Fantasie ist es möglich, innere Bilder wahrzunehmen. Die Beziehung zu sich selber und zur Außenwelt wird dadurch auf andere Weise erlebbar.

Material

Papier, Stifte, Malutensilien
Musik

Anleitung

Jeder/jede sucht sich im Raum den Platz, an dem er/sie wach da sein kann.

Leise Musik im Hintergrund kann das Ankommen und Zur-Ruhe-Kommen erleichtern.

In Ihrer Vorstellung verlassen Sie nun den Raum. Sie gehen aus dem Haus und die Straße entlang. Sie kommen auf einen Weg am Waldrand …
Unter den Füßen ist der Waldboden angenehm zu spüren, die Luft ist frisch und klar und Sie lauschen in die Stille.
Der Waldweg führt auf eine Wiese …
Rundum ist frisches Grün zu sehen. Das Gras unter den Füßen ist wie eine weiche Decke. Sie können die Luft einatmen.
Am Ende der Wiese taucht ein helles, freundliches Haus auf … Sie gehen darauf zu. Über der Tür lesen Sie:
Haus des Vertrauens – Ort des Dankens …
Sie öffnen die Tür – ganz leicht geht sie auf.
Sie treten ein in einen wunderschönen Raum.
Der Raum ist mit herrlichen Blumen dekoriert, durch die Fenster der einen Seite flutet helles Licht.
Auf der anderen Seite des Raumes entdecken Sie eine Art Galerie …
Bilder hängen an der Wand. Sie gehen langsam die Galerie entlang …
Es sind Porträts von Menschen, denen Sie vertrauen konnten oder noch immer können …
Menschen, die Ihnen Liebe und Zärtlichkeit geschenkt haben …
Menschen, von denen Sie Anerkennung, Bestätigung erhielten …
Sie entdecken auch Bilder von Orten und Ereignissen, wo Sie sich geborgen und angenommen fühlten …
Es sind Bilder, die es wert sind, angeschaut zu werden … Vielleicht waren sie damals ganz alltäglich – dennoch sind sie bedeutsam.
Sie haben nun Zeit, die Bilder in Ruhe zu betrachten, vor dem einen oder anderen länger zu verweilen …
Sie können dem einen oder anderen Menschen auf dem Bild einen Dank sagen …
Es geht nicht darum, wem Sie einen Dank schulden, sondern: Wem wollen Sie wirklich von Herzen danken …?

Langsam stellen Sie sich darauf ein, Abschied zu nehmen von diesem Raum …
Sie wissen, Sie können jederzeit wieder dahin zurückkehren.
Sie treten hinaus aus dem hellen Haus – gehen über die Wiese – atmen

die frische Luft ein – Sie erreichen den Waldweg, gehen über die Straße ins Haus und finden sich wieder vor in diesem Raum.
Verfasser unbekannt

Sie können sich nun dehnen und strecken.
In einer Zeit der Stille können Sie das Erlebte nachklingen lassen. Wenn Sie möchten, können Sie sich Notizen machen oder Ihre Gedanken und Gefühle mit Farbe zum Ausdruck bringen.

Abschluss

Dankgebet oder Danklied (z.B. »Ich danke meinem Gott von ganzem Herzen«)

Meditation »Was ihr dem geringsten Bruder getan habt...«

▶ Für alle

Einleitung

Der Abschnitt im 25. Kapitel des Matthäusevangeliums, dem folgende Textstelle entnommen ist, trägt die Überschrift: »Das Jüngste Gericht«. Es bietet sich an, an dieser Stelle auch den »Rechenschaftsbericht« des Einzelnen in den Vordergrund zu stellen.
Bei der anschließenden Übung sei es erlaubt, die Rollen zu tauschen: Wo bin ich der geringste Bruder, dem Gutes widerfahren ist? So wird deutlich: Jesus ist nicht nur im »geringsten Bruder« erkennbar, er kommt auch auf mich zu durch den Menschen, der es gut mit mir meint.

Anleitung

Die Textstelle (Mt 25,34–40) wird langsam vorgelesen oder erzählt.

[34]Dann wird der König zu denen auf seiner Rechten sagen: Kommt, ihr Gesegneten meines Vaters, nehmt das Reich in Besitz, das euch seit Grundlegung der Welt bereitet ist. [35]Denn ich war hungrig und ihr habt mir zu essen gegeben; ich war durstig und ihr habt mir zu trinken gereicht; ich war fremd und ihr habt mich aufgenommen; [36]ich war nackt und ihr habt mich bekleidet; ich war krank und ihr habt mich besucht;

ich war im Gefängnis und ihr seid zu mir gekommen. ³⁷Da werden ihm die Gerechten antworten: Herr, wann sahen wir dich hungrig und haben dir zu essen gegeben oder durstig und haben dir zu trinken gegeben? ³⁸Wann haben wir dich als Fremden gesehen und aufgenommen oder nackt und dich bekleidet? ³⁹Wann haben wir dich krank oder im Gefängnis gesehen und sind zu dir gekommen? ⁴⁰Und der König wird ihnen antworten: Amen, ich sage euch: Was immer ihr einem dieser meiner geringsten Brüder getan habt, das habt ihr mir getan.

Anschließend werden die Teilnehmer eingeladen, sich in die Rolle des geringsten Bruders zu begeben. Nach den einzelnen Fragen sollte immer eine kurze Stille eingehalten werden.

Wie geht es Ihnen in und mit dieser Rolle?
Vielleicht gibt es in dieser Rolle für Sie einen bestimmten Ort? Gehen Sie hin!
Schauen Sie nun zurück auf einen Zeitraum von zwei Wochen:
Wann waren Sie hungrig und von wem bekamen Sie zu essen?
Welcher Art war Ihr Durst und Sie bekamen zu trinken?
Wo fühlten Sie sich fremd und unverstanden und Sie erfuhren Zuwendung?
Wann kamen Sie sich nackt und hilflos vor und Sie wurden nicht »vorgeführt«?
Welche inneren Fesseln haben den anderen nicht abgeschreckt, den Kontakt zu Ihnen zu suchen?
Sie haben Zeit, zu schauen, zu überlegen, zu staunen …

Anschließend können die Teilnehmenden ihre Erfahrungen austauschen

Abschluss

Lachen und Weinen
Halten den Menschen am Leben
Und halten ihn nicht nur am Leben
Sondern bewegen ihn auch
Nicht aufzugeben
Nicht bitter zu werden
Erfinderisch zu sein
Andere verstehen zu lernen
Einen Platz anzubieten

Vielleicht auch eine Suppe und ein Brot
Wärme zu verschenken
Es könne Christus selbst sein
Der um Aufnahme bittet
Und wer dies
Sich wirklich vorstellen kann
Hat alle Gewalt besiegt
Erlebt den Triumpf des Glaubens
Und heilt den Frieden
Auf dass Gottes Erde
Heimat wird
Für alle Welt.
Hanns Dieter Hüsch

Cordula Leidner

Tanz »De noche iremus«

▶ Für alle

Einleitung

»In dunkler Nacht woll'n wir ziehen, lebendiges Wasser finden. Nichts als der Durst wird uns leuchten, nichts als der Durst wird uns leuchten.«

Dieser Tanz ist Ausdruck unserer Sehnsucht, unserer Sehnsucht nach erfülltem Leben, nach Liebe, nach Geborgenheit, nach Gott. Lebendiges Wasser hat uns Jesus Christus versprochen. Wir machen uns auf, es zu suchen, mitten in der dunklen Nacht. Die Bewegungen, zuerst rückwärts, tastend, dann zielstrebiger vorwärts, schließlich mit flehend zur Schale erhobenen Händen. Nur hier, hier bei dir können wir es schöpfen. Immer neu müssen wir kommen, es zu erbitten. Um mit gefüllten Händen ein Stück weitergehen zu können.

Vorbereitung

Tonträger
Audio-CD: Taizé Instumental II, Titel 19, oder: Taizé alleluja, Titel 9, oder: Neue Gesänge aus Taizé, Titel 12 (In dunkler Nacht)

Anleitung

Choreographie: Ursula Klene
Takt 4/4
Text: De noche iremus, de noche que para encontrar la fuente, sólo la sed nos alumbra.
Im Dunkel der Nacht wollen wir ziehen, der Quelle zu begegnen, nur der Durst soll uns Licht sein.

Aufstellung im geschlossenen Kreis, Rücken in TR
Handfassung: V-Fassung
Tanzschritte: noche / iremus / de noche
Mit dem Rücken in TR gehen:
RL RL RL rück
R seit, dabei zur Mitte wenden
L ran, dabei in TR wenden

que para encontra la fuente
RL RL RL vor
R seit, dabei zur Mitte wenden

Solo / la sed nos / alum / bra
li Hand von der Schulter lösen
beide Hände in der Tiefe schalenförmig
geöffnet vor dem Körper halten
↑ RLRL zur Mitte, dabei die Hände
als Schale langsam heben (bis auf Brusthöhe)
R vorwiegen, L rückwiegen, dabei die Schale
flehend zur Mitte strecken

Solo / la sed nos / alum /bra
↓ RLRL rück, dabei die Hände zum Körper zurückführen
↔ R seit L seit wiegen, Hände absenken und V-Fassung wieder einnehmen

Austausch

Was ist für mich lebendiges Wasser? Wo kann ich es finden?
Was kann ich tun, um meine Sehnsucht wach zu halten und mich immer wieder neu auf den Weg zu machen?

Tanz »De noche iremus«

Abschluss

Lass mich niemals,
o Gott, vergessen das tiefe Geheimnis
deiner und meiner Menschwerdung.

Lass mich niemals,
o Gott, verkennen das große Wunder
deiner und meiner Sehnsucht.

Lass mich niemals,
o Gott, verachten die besondere Gnade
deiner und meiner Leidenschaft.

Lass mich niemals,
o Gott, vergessen die wahre Größe
deiner und meiner Freundschaft.
Paul Weismantel

Heike Heinze

Übung »Alles beginnt mit der Sehnsucht«

▶ Für alle

Anleitung

Jemand aus der Gruppe leitet die Übung. Er/sie kann dabei selbst mitmachen. Es ist nur nötig, die Zeit im Blick zu haben und jeweils den nächsten Schritt anzusagen.

Es gibt jeweils 5 Minuten Zeit zum Träumen:
Ich habe eine Stunde Zeit. Was möchte ich da tun?
Ich habe einen Tag frei ...
Ich habe eine Woche zur freien Verfügung ...
Ich bekomme einen Monat ...
Ich habe ein ganzes Jahr ...

In den jeweils 5 Minuten lasse ich Wünsche, Träume, Vorstellungen, Gedanken einfach kommen – unabhängig davon, ob sie mir realisierbar oder »vernünftig« erscheinen.
Nach den 5 Minuten (nicht während des Träumens!) kann ich mir kurz notieren, was ich erträumt habe.

Austausch

Als Übergang zum Austausch gibt es noch etwas Zeit zum Nachspüren:

Welche Zeiteinheit fiel mir am leichtesten? Welche am schwersten? Warum wohl?
Welche Grundbedürfnisse kommen in meinen Träumen vor? Welche öfter? Welche weniger? Welche kaum?
Wie fühle ich mich jetzt nach der Übung? Was ergibt sich daraus?

Beim anschließenden Austausch kann jedes Gruppenmitglied das einbringen, was es in und von seinen Träumen entdeckt hat.

Abschluss

Am Ende kann ein Lied oder freies Beten stehen.
Aus: GCL-Werkmappe

Fantasieübung »Auf meinem Weg vom Gestern ins Morgen«

▶ Für alle

Vorübung

Ich nehme eine bequeme Sitzhaltung ein, in der ich es eine Weile aushalten kann. Ich spüre den Kontakt meiner Füße zum Boden … Ich spüre den Kontakt zum Stuhl … Gedanken, Gefühle, Bilder darf ich kommen lassen, anschauen, »in die Hand nehmen« … und dann auch wieder zur Seite legen. Auf Wichtiges komme ich später zurück.
Ich werde langsam still, sage Ja zum Jetzt.

Fantasieübung

Ich sehe mich selbst auf einem Weg – ganz allein.
Ich stelle mir die Landschaft vor, den Weg, den ich gehe. Welche Jahreszeit ist es? Wie ist das Wetter? …
Ich gehe auf meinem Weg vom Gestern ins Morgen …

Am Horizont entdecke ich eine Gestalt, sie kommt auf mich zu, ich erkenne Umrisse … Langsam wird die Gestalt deutlicher, ich erkenne ihre Züge: Es ist ein mir wohlgesonnener Mensch, der mich liebevoll anblickt.

Wir begegnen einander: Ich spreche mit ihm über meinen Weg hierher, wie es mir heute geht, was vor mir liegt …

Zum Abschied gibt mir diese Person drei Geschenke – eingepackt.
Wir nehmen Abschied, die Person geht ihren Weg; ich bleibe auf meinem Weg.
Ich öffne die Geschenke.
Das erste Geschenk …
Das zweite Geschenk …
Das dritte Geschenk …
Gaben, die mir für meinen Weg geschenkt sind …
Ich stehe auf und gehe meinen Weg allein weiter.

Reflexion

In einer Phase der Einzelarbeit können die Geschenke gemalt werden: Symbol, Farbe, Bild, …

Austausch

Wer möchte, kann die Geschenke nun in der Gruppe nennen und/oder die Bilder zeigen. Ich höre, was bei mir anklingt, stelle meine eigene Resonanz den anderen zur Verfügung.

Abschluss

Wir haben in uns die Gaben für den Weg. Sie sind uns gegeben, haben Symbolcharakter und erschließen ihren tieferen Sinn erst durch die wiederholte Meditation. Oft liegt in ihnen eine ernst zu nehmende Verheißung oder Weisung. Die Bilder kommen aus dem Bewusstsein (Wünsche, Sehnsüchte, Ängste), aus dem tieferen Unbewussten, dem höheren Unbewussten oder dem kollektiven Unbewussten.
Die Übung kann auch abgewandelt wiederholt werden: der Mensch, der mir begegnet, ist Jesus Christus.

Hildegard Ehrtmann

Textbetrachtung »Begegnung – Antwort«

▶ **Für Erwachsene**

Material

Textkopien mit Fragen (auf CD-ROM)
Stifte

Anleitung

Text langsam vorlesen.

»Das Eine ist mir so klar und spürbar wie selten:
Die Welt ist Gottes so voll.
Aus allen Poren der Dinge quillt er gleichsam uns entgegen. Wir aber sind oft blind. – Wir bleiben in den schönen und in den bösen Stunden hängen und erleben sie nicht durch bis an den Brunnenpunkt, an dem sie aus Gott herausströmen. Das gilt für alles Schöne und auch für das Elend. In allem will Gott Begegnung feiern und fragt und will die anbetende, hingebende Antwort.
Die Kunst und der Auftrag ist nur dieser, aus diesen Einsichten und Gnaden dauerndes Bewusstsein und dauernde Haltung zu machen bzw. werden zu lassen. Dann wird das Leben frei in der Freiheit, die wir oft gesucht haben.«
Alfred Delp

Anschließend Kopiervorlage austeilen. Die Teilnehmenden sind eingeladen, sich in Stille den Fragen zuzuwenden und ein eigenes Gebet zu schreiben.

Austausch

In einer Anhörrunde kann, wer mag, sein Gebet vorlesen. Anschließend offener Austausch.

Abschluss

Segensgebet
Der menschenfreundliche Gott halte unser Herz offen,
Er mache uns wachsam für sein Wirken.
Er stärke unser Tun, das durch Seinen Geist gerichtet ist. Amen.

Meditation »Der Brunnen«

▶ Für Erwachsene

Material

Kopien vom Text auf CD-ROM

Anleitung

Text verteilen.

Versuchen Sie, innerlich und äußerlich zur Ruhe zu kommen,
so wie jeder/jede ist, darf er/sie da sein vor Ihm, unserem Schöpfer.

Anschließend den Text langsam vorlesen.

Lassen Sie all das, was in Ihnen ist, nachklingen.
Was spüren Sie an innerer Bewegung?
Was möchten Sie mitteilen?

Abschluss

Gott, segne uns mit all unserer Sehnsucht
Gott, segne uns mit Hoffnung
Gott, segne uns mit Mut.
Amen.

Cordula Leidner

VI. Advent

Advent
Glaube
Hoffnung
Liebe
neu gedacht

Betrachtung »Advent – Zeit der Gnade«

Vorbereitung

Zum Beginn der Meditation: festliche Adventsmusik zum Stillwerden

Hinführung

Der Advent ist die Zeit inniger Sehnsucht. Wem wird es nicht warm ums Herz, wenn in heimeliger Atmosphäre die Kerzen des Adventskranzes brennen, Bilder der Kindheit im Inneren aufsteigen und die freudige Erwartung dieser Zeit vor Weihnachten den Grund des eigenen Menschseins berührt. Maria war eine Frau der Sehnsucht. Ihre Bereitschaft zum Ja in entscheidender Stunde erwuchs aus einer tiefen Sehnsucht, die Gott selbst in diesem außergewöhnlichen Menschen geweckt hat. Die Sehnsucht Marias ist ein Hinweis auch für das, was in uns lebt bzw. leben möchte. Jeder Mensch ist von Gott berührt. Er hat etwas in unser Herz gelegt, was immer da sein wird, was uns immer an ihn erinnert, auch dann, wenn wir uns vielleicht fern wähnen vom Gott der Liebe. In unserer tiefen Sehnsucht nach Angenommensein ist sie wach, die Sehnsucht nach Gott. Die Erwählung Marias ist auch unser Fest. Es ist das Fest der Zusage, dass Gott uns in seiner Liebe berührt hat und angenommen hat. Diesen göttlichen Liebesfunken gilt es zu nähren, damit unser Herz leidenschaftlich brenne für Gott.

Impuls

Welche Bedeutung hat für mich Maria, die Mutter Jesu?

»Der Mensch hat Sehnsucht, sein eigenes so oft geschundenes, so oft beflecktes, so oft von der Sünde entstelltes Menschsein irgendwo ganz rein anzuschauen und zugleich da ganz nahe Gott zu schauen mit seiner Macht, das Menschliche gut zu machen. Und wo macht Gott das Menschliche gut, wenn nicht in jener Frau, die Mutter ist: Mutter für ihren Sohn, Mutter für uns alle.
Die Mütterlichkeit als der Punkt, an dem plötzlich das Menschsein aus seinem Zusammenhang herausgehoben wird, um Liebe, Erbarmen, Nähe und Heimat für andere zu werden – das Menschsein in seiner Jungfräulichkeit, in dem alles sich verzehrt und aufblüht und einfach da ist und sich verschenkt – beides zugleich zeigt sich in Maria. Dies ist eine Ur-

sehnsucht der Menschheit, und so gehört Maria ganz elementar in die Sehnsucht der Völker hinein …«
Bischof Klaus Hemmerle

Gebet

Gütiger Gott,
von Ewigkeit her berührst du mich
in meiner Mitte bist du da
damit ich Mensch werde
meinen Gefühlen trauen lerne
meiner Sehnsucht Raum gebe
um leidenschaftlich Ja zu sagen
zu meinem Leben. Amen.

Joachim Kittel

Betrachtung »Advent – Zeit des Augenblicks«

Hinführung

Der Advent ist die Zeit der Gegenwart. In keiner Zeit des Jahres zählen wir die Tage, wie im Advent. Weihnachten, das Fest der Geburt des Herrn, übt eine Faszination aus, die uns die Chance gibt, mehr in der Gegenwart zu sein, als dies im Allgemeinen der Fall ist. Gleichzeitig ist die Adventszeit geprägt von vielen Wegen, von vielen Besorgungen und Erledigungen. Hektik und Stress nehmen überhand in der besinnlichen Zeit und unsere Gegenwart wird überdeckt von den Sorgen für das bevorstehende Fest. Das Jetzt aber, so sagt der jüdische Religionsphilosoph Martin Buber, ist der Mantel Gottes. Wir begegnen dem lebendigen Gott nicht in der Vergangenheit oder in der Zukunft. Allein die Gegenwart ist der Ort, in dem Gott uns in seiner Liebe begegnen kann. Jeder Augenblick unseres Lebens birgt die Chance, unsere Freundschaft mit Gott zu vertiefen. Anders gesagt: Wenn wir Menschen des Augenblicks werden, hören wir das Herz Gottes schlagen.
»Mein sind die Jahre nicht, die mir die Zeit genommen;
mein sind die Jahre nicht, die etwa möchten kommen.
Der Augenblick ist mein, und nehm ich den in acht;
so ist der mein, der Jahr und Ewigkeit gemacht.«
Andreas Gryphius

Impuls

Wenn ich möchte, kann ich heute in der Zeit der Besinnung einfach die Augen schließen und und versuchen, einmal in der Gegenwart zu verweilen.
Ich nehme meine Gefühle wahr, wie sie sich jetzt, in diesem Augenblick, zeigen.
Mein Atem fließt ruhig und gleichmäßig.
Ich versuche, mein Inneres auf die Gegenwart Gottes auszurichten.

Segensgebet

Gütiger Gott,
du bist der Gott des Jetzt
lebendig
mitfühlend
nah
Segne meinen Augenblick
Segne mein Fühlen und Denken
Segne mich Vater, Sohn und Heiliger Geist, Amen.

Joachim Kittel

Betrachtung »Advent – Zeit des Hörens«

Hinführung

Die Zeit des Advents ist eine Zeit des Hörens.
Immer wieder neu stellt uns die Bibel vor Augen, dass Gott der Wegbegleiter seines Volkes war, der seine Propheten sandte, damit sein Volk höre.
Schon damals zeigte sich, dass es mit dem Zuhören nicht so einfach ist. Auch damals waren die Menschen besetzt mit dem, was scheinbar das Wichtigste im Leben ist: Ansehen, Macht, Geld. Gott ist anders. Er spricht hinein in die Stille des menschlichen Herzens. Er wird von Menschen gehört, die gelernt haben, die Regungen ihres Herzens zu vernehmen. Seine Stimme wird von Menschen vernommen, die berührbar bleiben für die Botschaft der Liebe, für den Frieden und für die Menschen, die in Not sind. In der Stille des Stalles von Bethlehem kam Gott in die Welt.

Er wurde zum Herz der Welt. Nur in der Stille unseres Herzens können wir das Flüstern Gottes erlauschen, das uns weder Macht noch Ansehen noch Reichtum verheißt, sondern Fülle des Lebens, die darin besteht, dass wir unser Leben mit beiden Händen leidenschaftlich ergreifen und in diesem Geschehen werden, was Gott in Christus Jesus wurde: Mensch!

Stille

»Man sieht nur mit dem Herzen gut,
das Wesentliche ist für die Augen unsichtbar.«
Antoine de Saint-Exupéry

Stille

»Das Erste, was uns Jesus über das Gebet lehrt, ist, dass wir in die Stille gehen müssen. Er selbst pflegte in der Einsamkeit zu beten. Wir müssen in die Stille gehen, damit wir verstehen, mit wem wir zusammen sind, und hören, was der Herr auf unsere Bitten antwortet. Oder meint ihr, er schweige, nur weil wir ihn nicht hören! Von Herzen gebeten, spricht er zum Herzen.«
Teresa von Avila

Impuls

Wo sind in meinem Alltag leise Töne, die in Gefahr sind, überhört zu werden?
Wie erlebe ich Stille?
Wo brennt in mir ein leidenschaftliches Verlangen?

Gebet

Gütiger Gott,
ich wünsche mir Ansehen,
ich wünsche mir Geld,
ich wünsche mir Macht.
Segne mich mit deinem Reichtum, der nicht vergeht und meine Sehnsucht wirklich zu stillen vermag, Vater, Sohn und Heiliger Geist. Amen.

Joachim Kittel

Betrachtung »Advent – Zeit der Begegnung«

Hinführung

Die Regungen meines Herzens wahrzunehmen ist eine adventliche Haltung. Es ist dies zuerst die Bereitschaft, still zu werden und hinauszulauschen und immer wieder neu meinen Alltag vor Gott zu bedenken. Gott erwarten wie einen lieben Freund, der seinen Besuch angekündigt hat. Aus dieser Freude leben heißt nicht, nur in der Stille meines Betens Gott zu erwarten, sondern auch in der Hektik und Umtriebigkeit meiner alltäglichen Beziehungen.
Ihr sollt Gott suchen und finden in allen Dingen, empfiehlt der heilige Ignatius von Loyola. Wenn wir aufmerksam werden für unsere alltäglichen Beziehungen und unsere menschlichen Begegnungen, werden wir Ihn entdecken. Gott begegnen wir an vielen Orten und werden doch immer wieder die Erfahrung von Weihnachten machen: Er kommt anders als erwartet!

Stille

»Holt den Sohn vom Bahnhof ab.
Er kommt.
Man weiß nicht genau, mit welchem Zug,
aber die Ankunft ist gemeldet.
Es wäre gut, wenn jemand dort auf und ab ginge.
Sonst verpassen wir ihn. Denn er kommt nur ein Mal.«
Rudolf Otto Wiemer

Impuls

Rechne ich damit, Gott in meinen alltäglichen Beziehungen begegnen zu können?
Bin ich offen für das Unerwartete, das überraschende Handeln Gottes?
Habe ich dafür ein Gespür?

Gebet

Gütiger Gott,
ich kann Dein Handeln nicht erzwingen,
ich kann Dein Wesen nicht durchdringen,
ich kann Dein Geheimnis nicht lüften.

Ich kann mein Herz Dir öffnen,
damit ich durch die Begegnung mit Dir und meinen Mitmenschen
werde, was Du in mir angelegt hast,
dein Ebenbild. Amen.

Joachim Kittel

Betrachtung »Advent – Gott ist mit uns«

Hinführung

Seht die Jungfrau wird ein Kind empfangen, dem wird man den Namen Immanuel geben: Gott mit uns.
Gott mit uns! Gibt es eine schönere Verheißung für unser Leben? Was der Prophet Jesaja in einer wirklich dunklen Zeit der Verfolgung seines Volkes sieht und ausruft, ist eine tiefe Liebeserklärung Gottes an den Menschen. Gott ist seinem Volk nicht nur in seinem Bund nahe, er will auch die menschliche Nähe. Er will Mensch werden. Er entäußert sich seiner göttlichen Macht, wird selbst Mensch, elend, nackt und bloß. Er wird Mensch auf eine Weise, die das Herz jedes Menschen berührt. Ein kleines Kind in völliger Angewiesenheit auf seine Mutter und seinen irdischen Vater zieht seine Umwelt in Bann und bewirkt in seiner kindlichen Ohnmacht die Wandlung der Herzen der Menschen, der Hirten und Weisen. Wenn wir aus dem Augenblick leben, wenn wir im Hören auf Gottes Wort die Regungen unseres Herzens zu deuten lernen, wenn wir in unseren Begegnungen mit dem Gott der Liebe rechnen, sind wir dem Geheimnis der Menschwerdung auf der Spur und erfahren an uns selbst, was sich an Weihnachten ereignet: Menschwerdung.

Impuls

Erinnere ich mich an Wege oder Situationen in meinem Leben, in denen ich mir einen Gott ersehnt habe, der nicht nur im Himmel thront, sondern der mit mir geht durch Niederungen meines Lebens, durch Dunkel, durch Täler …?
Bin ich mir bewusst, dass meine menschlichen Beziehungen ein entscheidender Schlüssel zum Gott der Liebe sind?

Text zur Meditation

»Er ist einfach da –
das ist alles,
was er tut und kann.
Aber indem er da ist,
ohnmächtig und strahlend,
ist eben Gott selber da.
Gott ist da für uns.
Und was sagt dieses Dasein Gottes
im Kind von Bethlehem?
Es sagt mir,
es sagt dir,
es sagt jedem Menschen:
Gut, dass du da bist.«
Bischof Klaus Hemmerle

Segen

Gütiger Gott,
dein Segen ist Liebe
dein Segen ist Leben
dein Segen ist Beziehung
Segne mich mit der Fähigkeit mich berühren zu lassen
Vater, Sohn und Heiliger Geist. Amen.

Joachim Kittel

Bildbetrachtung »Ein Funke genügt«

▶ Für alle

Vorbereitung

Kerze(n)
Bild für die Mitte

Foto: Ursula Weßner

Bildbetrachtung

Den Text langsam lesen.

Mein Gott, wie lange dauert die Dunkelheit?
Ich bin müde.
Ich spüre keine Lebendigkeit in mir; wie ausgetrocknet fühle ich mich.

Kurze Pause

Betrachte einmal die Dinge von einer anderen Seite, als du sie bisher sahst; das heißt, ein neues Leben beginnen.
Marc Aurel

Kurze Pause

Dorngestrüpp – ausgetrocknet –
geeignetes Brennholz –
ein Funke genügt

»Ich bin gekommen,
um Feuer auf die Erde zu werfen.« LK 12,49
Ein Funke genügt.

Feuer im Dornbusch!

Feuer im Dornbusch
für Israel –
Zeichen der Hoffnung.
»Ich bin da.«

Feuer im Dornbusch für Maria –
Zeichen der Gnade.
»Ich bin da.«

Feuer im Dornbusch
für dich, für mich, für uns alle –
Zeichen der Sehnsucht.
»Machet die Tore weit.«

»Ich bin da.«

»Wie froh wäre ich,
es würde schon brennen!« LK 12,49

Ich bin – ausgetrocknet –
geeignet zum Brennen?
Ein Funke genügt?

Komm,
lebendig gewordenes Wort
entzünde in mir das Feuer.

Ein Funke genügt.

Zum Nach-denken

Entzünden Sie eine/Ihre Kerze als Zeichen für das Feuer,
stellen Sie das Licht neben das Bild und hören Sie noch einmal den Satz
von Marc Aurel:
*»Betrachte einmal die Dinge von einer anderen Seite, als du sie bisher sahst;
das heißt, ein neues Leben beginnen.«*

Stille

Schauen Sie jetzt auf eine »Dunkelheit« in Ihrem Leben.
Können Sie trotz allem im Nachhinein etwas Erhellendes in dieser Dunkelheit erkennen?

Wenn Sie in einer Gruppe meditieren, kann nun ein Austausch angeboten werden mit der Frage:

Was hat Sie bewegt?
Was möchten Sie den anderen erzählen?
Wenn das heute noch nicht möglich ist, bitten Sie Gott, er möge Ihnen einen »Engel« schicken, der Ihnen hilft, die »andere Seite« zu entdecken. Zünden Sie immer wieder ein Licht an zum Zeichen Ihrer Erwartung auf das Licht im Dunkeln. Vielleicht hilft auch das zweite, dritte und das vierte.
Im Warten und Sich-Öffnen geschieht Advent. –
Neues Leben kann und darf wachsen.

Abschluss

Lied »Menschen auf dem Weg durch die dunkle Nacht« (Troubadour Nr. 735)

VII. Weihnachten

Weihnachten – Zeit der Botschaften
Weihnachten – Zeit der Unterbrechung
Weihnachten – Zeit des Neuanfangs
Weihnachten, ein Kind hat unser Leben in der Hand

Biblische Fantasiereise »Die Ankunft«

▶ Für alle

Vorbereitung

Mitte gestalten
Farben, Stifte, Papier

Fantasiereise

Der Text wird langsam vorgelesen, die Pausen zwischen den Abschnitten sollten ausreichend lang sein, sodass die Fantasie sich entfalten kann.

Die geschichtlichen Ereignisse waren für Ihr
Kommen in dieser Welt
nicht weniger genau bestimmt
als für die Ankunft des Erlösers.
Die Zeit musste reif sein,
der Ort gerade richtig,
die Umstände so weit,
dass Sie geboren werden konnten.

Gott wählte die Eltern für seinen Sohn
und stattete sie mit den Gaben aus,
die sie für das Kind brauchten,
das ihnen geboren werden sollte.
Reden Sie zu Gott über den Mann und die Frau,
die er für Sie als Eltern wählte,
solange, bis Sie sehen, dass sie so sein mussten,
wie sie waren,
wenn Sie so werden sollten,
wie Gott Sie haben wollte.

Stille

Das Christkind kommt, wie jedes andere Kind,
um der Welt eine Botschaft zu bringen.
Was für eine Botschaft sollen Sie bringen?
Bitten Sie den Herrn, Ihnen zu raten,
wie Sie diese in einem Wort oder Bild
ausdrücken können.

Stille

Christus kommt in diese Welt,
um einen bestimmten Weg zu gehen,
eine bestimmte Sendung zu erfüllen.
Er erfüllte gewissenhaft,
was über ihn »geschrieben« steht.
Wenn Sie zurückschauen, sehen Sie mit Staunen,
was in Ihrem eigenen Leben »geschrieben« stand
und ungefähr erfüllt wurde.
Und für jeden Abschnitt dieser Schrift,
sei er auch noch so klein, sage ich »Dank«,
um ihn durch meine Dankbarkeit zu heiligen.

Stille

Schauen Sie erwartungsvoll und ergeben
nach allem aus, was kommen wird
und sprechen Sie mit Christus: »Ja. Es geschehe.«

Stille

Zum Schluss denken Sie an den Gesang der Engel
bei der Geburt Christi.
Sie sangen von Frieden und Freude
zur Ehre Gottes.
Haben Sie je den Gesang gehört, den die Engel sangen,
als Sie geboren wurden?

Stille

Sie sehen voll Freude, was Sie dazu beigetragen haben,
dass die Welt besser wird,
und Sie stimmen in das Lied der Engel ein,
das sie sangen,
als sie Ihre Geburt verkündigten.
Anthony de Mello

Längere Zeit der Stille, anschließend Zettel und Stifte verteilen.

Sie können an die Stellen zurückgehen, von denen Sie am meisten angesprochen wurden. Vielleicht können Sie das, was Sie da erleben, als Geschenk nehmen. Sie können Ihr Erleben ausdrücken in Wort und/oder Bild.

Austausch

Was haben Sie bei dieser Betrachtung gefunden?
Was haben Sie in neuem Licht gesehen?
Was davon möchten Sie den anderen mitteilen?

Abschluss

Freies Dank- und/oder Bittgebet, oder:
Herr,
lass uns durch dein Kommen unser Geborensein
und unser Werden in einem neuen Licht sehen.
Lass du uns Antworten auf unsere
quälenden Fragen finden.
Hilf du uns, die Antworten zu leben.
Wandle du unsere Trauer in Zuversicht.
Schenke uns Verstehen für das Unabänderliche
und mach unser Herz weit. Amen.

Cordula Leidner

Meditation »Ich bin bei den Hirten«

▶ Für alle

Vorbereitung

Ruhige Musik zum Ankommen

Anleitung

Suchen Sie sich im Raum einen Platz, an dem Sie sich wohlfühlen und so
aufmerksam und wach da sein können.
Stellen Sie sich vor, Sie sind bei den Hirten auf dem Feld.
Die Hirten wissen nichts davon, dass Jesus auf die Welt kommt.
Sie sind ahnungslos.
Sie tun ihre ganz alltägliche Arbeit,
die gesellschaftlich nicht angesehen ist.
Heute würde man eher sagen,
sie gehören zur sozialen Unterschicht,

sie sind eher einer Randgruppe zuzurechnen.
Sie sind als Gruppe mit ihren Herden unterwegs.
Sie haben keine feste Bleibe.
Sie und ihre Tiere lagern auf dem Feld.
Die Nächte sind ziemlich finster.

Stille

Wie ist Ihnen zumute, da draußen in der freien Natur,
in der Wildnis,
ohne die sicheren Wände eines Hauses,
ohne Telefon, ohne Komfort? …

Stille

Zwei Hirten sind zur Nachtwache eingeteilt?
Sie waren auch den ganzen Tag mit den Herden unterwegs!
Und nun sollen sie noch Wache halten! …
Ob Sie schlafen können?
Wie immer es sich im Einzelnen zugetragen haben mag,
sie alle werden geweckt,
weil helles Licht zu sehen ist …
oder vielleicht eher zu spüren …
weil sich bei den Hirten, die Wache hielten,
eine verlässliche Gewissheit einstellte,
dass sie aufbrechen sollen,
dass sie ein Kind suchen sollen,
das gerade erst zur Welt kam,
dass dieses Kind ein ganz besonderes Kind ist;
dieses Kind soll der Retter des Volkes Israel sein!
Die Hirten werden des Lesens und Schreibens nicht kundig gewesen sein.
Sie hatten wenig Kontakte zu anderen Menschen.
Braucht es überhaupt einen Retter?
Was wissen die Hirten von dieser Notwendigkeit?
Es gab die spürbare Dringlichkeit,
sich auf den Weg zu machen.
Es kann gut sein, dass man sich nicht einig war,
zu gehen oder zu bleiben.

Stille

Wie verhalten Sie sich?
Mitgehen oder eher abwarten?
Überlegen oder leiten lassen?

Stille

Die Hirten gehen
und das bringt für sie Veränderung
Die Hirten glauben
und das lässt sie innerlich groß werden
Die Hirten haben Vertrauen
und das bannt ihre Angst
Die Hirten bleiben zusammen
und das gibt ihnen Freiheit
Die Hirten finden das Kind
und das lässt sie demütig werden
Die Hirten bringen Gaben
und werden reich beschenkt.
Die Hirten – sie wussten von nichts!

Stille

Hätten Sie sich auf den Weg gemacht?
Hätten Sie den Zeichen geglaubt?

Stille

Austausch

Was hat Sie am meisten bewegt?

Abschluss

Gebet
Bist du es nicht, o Gott,
der in meinem Dunkel ein neues Licht entzündet,
das mich aufschauen lässt?
Bist du es nicht, o Gott,
der in meine Erstarrung neue Bewegung bringt,
die mich weiterführt?
Bist du es nicht, o Gott,
der in meine Schwermut neue Hoffnungszeichen setzt,

die mich trösten?
Bist du es nicht, o Gott,
der sehnsuchtsvoll nach jedem Menschen
atmet und Ausschau hält?
Bist du es nicht, o Gott,
der Wohlgefallen findet an jedem Kind,
das auf dieser Erde?
Bist du es nicht, o Gott,
der wahres Leben schafft und
es in seinen Händen trägt und hält?
Paul Weismantel

Cordula Leidner

Meditation »An der Krippe«

▶ Für alle

Vorbereitung

Auf einem Tisch, der an der Seite steht, werden verschiedene Krippenfiguren aufgestellt: Maria, Josef, das Kind, Ochse, Esel, mehrere Hirten und ihre Schafe, auch ein schwarzes Schaf, ein Hund, Lastenträgerin, Hirtenkinder... (ausreichend Figuren für alle Teilnehmer)
Plakat und Stift

Anleitung

Wir kommen innerlich und äußerlich zur Ruhe. In Stille gehen wir der Frage nach: Was ist Weihnachten für mich?

Etwa 5–10 Minuten. Anschließend in der Runde die »Ergebnisse« auf dem Plakat festhalten.

Nun dürfen sich alle Teilnehmer in Stille eine Krippenfigur auswählen. Achten Sie dabei auf sich selber, welche Figur jetzt und heute zu Ihnen passt.

Wenn jeder gewählt hat, folgt eine Zeit der Stille und Besinnung (15–20 Min.) mit folgenden Fragen:

Die Figur kann Ihnen zum »Begleiter« werden.
Gehen Sie den Fragen nach:
Was hat Sie bewogen, diese Figur zu wählen?
Betrachten Sie die Figur: Wie sind die Umrisse, die Konturen …?
Wie liegt sie Ihnen in der Hand?
Was die Figur ausdrückt, hat das in irgendeiner Weise mit Ihnen zu tun?

Austausch

Was haben Sie mit sich für Entdeckungen gemacht?

Nach einer kurzen Pause findet man sich in der Kapelle ein oder wieder im Gruppenraum. In der Mitte des Raumes liegt das Plakat mit den Vorstellungen von Weihnachten. Das Plakat ist die Grundlage, auf der nun die einzelnen Krippenfiguren gestellt werden. Die Teilnehmer stehen schweigend im Kreis, jeder hält »seine« Krippenfigur in Händen.

Sie sind nun eingeladen, Ihre Figur auf diesem Plakat abzustellen.
Versuchen Sie zu erspüren, wo der passende Platz sein könnte. Für dieses Tun darf sich jeder die Zeit nehmen, die er braucht. Die Figuren werden nacheinander gestellt. Lassen Sie zwischen den einzelnen Vorgängen reichlich Zeit, sodass man die neue Veränderung gut aufnehmen kann. Jede neue Platzierung bedarf einer neuen Überlegung und einer neuen Entscheidung, wo die eigene Figur nun stehen soll.
Wenn alle Figuren stehen: Schauen Sie, spüren Sie, was sich in ihnen tut.

Betrachtung

Sie sind nun eingebunden in einen Weg,
der eine Richtung hat,
der ein Ziel hat.
Vielleicht nur für kurze Zeit
ist Ihnen das Ziel klar vor Augen!
Sie gehen den Weg nicht allein.
Sie werden von Menschen begleitet,
die Ihnen fremd sind,
und auch sie wollen zu Ihm.
Und dann gehen Menschen mit,
die Sie nicht sehr mögen,
und auch die haben den Wunsch,
zu Ihm zu kommen.

Menschen mit großen Lasten sind unterwegs,
auch sie suchen seine Nähe.
Menschen, die nicht mehr weiterkommen,
stehen am Wegesrand;
hat der Mut sie verlassen?!
Menschen wie du und ich sind auf dem Weg.
Gut, dass wir nicht allein sind.
Gut, dass wir ein gemeinsames Ziel haben.
Gut, dass wir dort erwartet werden.

Abschluss

Lied: Nun freut euch ihr Christen (GL 143/EG 45)
Segen
Der menschenfreundliche Gott zeige uns das göttliche Kind.
Er schenke uns die Offenheit und den Glauben der Hirten,
um die Botschaft der Menschwerdung seines
Sohnes zu vernehmen.
Er führe uns auf dem Weg zum Wunder
in der Krippe von Betlehem.
Er erfülle uns mit Hoffnung und Jubel. Amen.

Cordula Leidner

Textbetrachtung »Eine Weihnachtsgeschichte aus alter Zeit«

▶ Für Kinder und Jugendliche

Vorbereitung

für die Mitte Krippe mit Kind (es sollte noch Platz für Briefchen sein)
Kerze
Papier, Stifte
Musik

Geschichte

Eine Weihnachtsgeschichte aus alter Zeit
Es war zu der Zeit, als man das Christuskind noch antreffen konnte im heiligen Stall in der Krippe. Da lebte in einem fernen Land ein Eremit. Er hatte sich von allen Menschen zurückgezogen in die Wildnis und pflegte nur Umgang mit den Pflanzen und Tieren. Einst war er ausgezogen von zu Hause, um das Leben zu suchen. Ein wilder Hunger brannte in seiner Brust, und weder Eltern noch Verwandte noch Freunde hatten diesen Hunger stillen können. Er zog hinaus in fremde Reiche; er diente mächtigen Königen und spürte die Erregung im Kampfesrausch; er saß zu Füßen weiser Männer und erforschte seine Seele. Doch niemand konnte seinen Hunger nach Leben stillen. So zog er sich schließlich zurück von den Menschen, um einsam und voller Trauer sein Leben zu fristen.

Eines Tages jedoch drang auch in seine Einöde die Nachricht, ein neuer König sei geboren. Wer diesem König diene, der würde des wahren Lebens teilhaftig. Da erwachte erneut der Hunger in seiner Brust. Er nahm seinen Schafspelz, mit dem er sich in kalten Nächten schützte, und seinen Wanderstab, der ihn auch schon bei so manchem Angriff von Mensch und Tier verteidigt hatte, und machte sich auf den Weg. Durch viele Länder führte ihn sein Weg, durch Steppen und Dörfer; doch merkwürdig – jetzt fiel ihm plötzlich auf, dass viele diesen brennenden Hunger haben mussten. Er schloss das aus den sehnsüchtigen Blicken, mit denen sie dem Wanderer nachsahen. Doch den meisten von ihnen hatten Trauer und Verzweiflung die Gesichter längst hart gemacht. Lange war der Wanderer unterwegs; und manchmal zweifelte er daran, ob er je ankommen würde. Doch eines Abends sah er den Stern von ferne und im Näherkommen in seinem Schein die Krippe, ganz so, wie es ihm beschrieben worden war. Da trat er ein, und als er das Kind in der Krippe liegen sah, fiel er vor ihm nieder. Er wusste: Wenn er diesem König diente, würde sein Hunger gestillt werden.

Während er kniete, wurde ihm klar, dass er ja Geschenke bringen müsste. Und als er das Kind in dem harten Stroh liegen sah, da nahm er seinen Schafspelz und gab ihn hin, damit es weich und warm läge. Doch das Kind sagte: »Ich brauche deinen Pelz nicht, behalte ihn nur. Ich bin nackt geboren und werde nackt sterben, weil ich zu denen gehören will, die nichts zum Anziehen besitzen.«

Da zog sich der Wanderer traurig zurück und überlegte, was er dem Kind sonst schenken könnte. Am nächsten Abend kam er wieder und sagte: »Hier, nimm meinen Stab. Er wird dir auf deinem Weg eine gute Stütze sein, und er hat auch schon so manchen Feind das Fürchten gelehrt.« Doch das Kind antwortete: »Ich brauche deinen Stab nicht, behalte ihn nur. Meinen Weg muss ich auf eigenen Füßen gehen, ohne Waffen, denn ich bin gekommen, Feinde zu Freunden zu machen.«

Da zog sich der Wanderer wieder zurück und überlegte wieder, was er dem neuen König schenken könne. Am nächsten Abend kam er zum dritten Mal und sprach: »Nimm mich selbst als Geschenk. Ich will dir mein ganzes Leben geben und dir mit allen meinen Kräften dienen.« Und das Kind antwortete: »Ich brauche keinen Diener und Sklaven. Ich bin gekommen, selbst den Menschen zu dienen.«

»Was kann ich dir denn als Geschenk geben, damit du mein König wirst und mein Hunger nach Leben gestillt wird?«
Da antwortete das Kind zum letzten Male: »Schenke mir deine Traurigkeit und deinen Schmerz. Schenke mir deinen Hass und deine Schuld. Schenke mir deine Angst, deine Unruhe und deine Verzagtheit. Dann wird meine Liebe deinen Hunger stillen.«
Da begann der Wanderer zu weinen, und mit den Tränen verließ ihn die ganze Last, die er mit sich herumgetragen hatte. Und er verneigte sich vor dem Kind und ging hinaus, hin zu den Menschen, die er vorher geflohen hatte. Das Brennen in seinen Augen hatte sich in ein helles Leuchten verwandelt und der Hunger in seiner Brust in eine Quelle des Lebens, die reicher floss, je mehr er davon austeilte.
Autor unbekannt

Anleitung

Zum Ankommen ruhige Musik. Die Geschichte mit ihren sechs Abschnitten wird entsprechend der Gruppengröße an Einzelne oder jeweils eine Kleingruppe verteilt. Folgende Fragen sollen bedacht werden:

Was löst der Textabschnitt an Überlegungen und Fragen aus?
Welche Gefühle steigen in dir hoch?
In der Kleingruppe sollte zunächst jeder diese Fragen für sich überlegen. Nach einer festgelegten Zeit der Stille tauscht euch über eure Gedanken aus. Tragt die Ergebnisse am Ende so zusammen, dass ihr sie in der gro-

ßen Gruppe vortragen könnt. Die Reihenfolge ergibt sich aus der Geschichte.

Zum Abschluss des ersten Austauschs in der großen Runde kann Musik helfen, das Gehörte nachklingen zu lassen.

Im nächsten Schritt der Übung versuch dir vorzustellen, du bist der Wanderer, der an der Krippe steht, und Jesus sagt zu dir: »Bring mir deine …«
Wer will kann sein Geschenk oder seine Geschenke auf einen Zettel schreiben, zusammenfalten und in die Krippe legen.

Anschließend kann die Krippe gemeinsam in die Kirche, Kapelle, … gebracht werden.

Abschluss

So wie ich bin, so traust du mir.
So wie ich bin, verzeihst du mir.
So wie ich bin, stehst du zu mir.

So wie ich bin, so siehst du mich.
So wie ich bin, so nimmst du mich.
So wie ich bin, so liebst du mich.

So wie ich bin, gehst du mit mir.
So wie ich bin, hältst du zu mir.
So wie ich bin, bleibst du bei mir.

So wie du bist, will ich dich suchen.
So wie du bist, will ich dich achten.
So wie du bist, will ich dich lieben.

So wie du bist, will ich dich sehen.
So wie du bist, will ich dich lassen.
So wie du bist, will ich dich ehren.

So wie du bist, will ich dir glauben.
So wie du bist, will ich dir folgen.
So wie du bist, will ich dir leben.

Paul Weismantel

Miriam Frankenstein/Cordula Leidner

Tanz und Meditation »Im Dunkel unsrer Nacht«

▶ Für alle

Einleitung

Wie die dunkle Jahreszeit insgesamt, so laden insbesondere der Advent und die weihnachtliche Zeit dazu ein, sich dem Licht zuzuwenden. Das Taizélied »Im Dunkel unsrer Nacht« führt durch seinen innigen Charakter und die für Taizélieder typischen Wiederholungen in eine meditative Haltung hinein. Es gibt zu diesem Lied verschiedene Tanzchoreografien.

Tanzanleitung

Liedtext:

Im Dunkel unsrer Nacht	Dans nos obscurités
entzünde das Feuer,	allume le feu
das nie mehr erlischt.	qui ne s'éteint jamais.

Aufstellen im Kreis, Blick zur Mitte

Textstelle	Aktion
Im Dunkel unsrer Nacht	Kopf neigen, Hände vor das Gesicht
Entzünde das Feuer	Arme in V-Form erheben, die Hände der Nachbarn dürfen sich leicht berühren.
Das nie mehr er-lischt	Erster Sidestep nach rechts auf die letzte Silbe (-lischt)
Das nie mehr erlischt	Zwei Sidesteps nach rechts
Im Dunkel unsrer Nacht	Kopf neigen, Hände vor das Gesicht
Entzünde das Feuer	Einander die Hände reichen (unten), auf »Feuer« erster Sidestep nach links
Das nie mehr erlischt, das nie mehr erlischt	Vier Sidesteps nach links.

Ablauf der Meditationseinheit

Zunächst wird der Tanz eingeübt. Die Einheit beginnt dann mit der Lesung:

Jes 9,1–6: Die Verheißung der Geburt des göttlichen Kindes
Das Volk, das im Finstern wandelt, / schaut ein großes Licht;
über denen, die im Land der Dunkelheit wohnen, / erstrahlt ein Licht.
²Du machst groß ihren Jubel / und gewaltig ihre Freude.
Sie freuen sich vor dir, / wie man sich in der Ernte freut, / wie man frohlockt beim Teilen der Beute.
³Denn sein drückendes Joch, die Stange auf seinem Nacken, / den Stock seines Bedrückers zerbrichst du wie am Tag von Midian.
⁴Denn jeder Soldatenstiefel, der dröhnend auftritt, / und jeder Mantel, in Blut gewälzt, / wird verbrannt und ein Opfer des Feuers.
⁵Denn ein Kind ist uns geboren, / ein Sohn ist uns geschenkt; / die Herrschaft ruht auf seinen Schultern.
Man ruft seinen Namen aus: / Wunderbarer Ratgeber, Starker Gott, / Ewiger Vater, Friedensfürst.
⁶Groß ist die Herrschaft / und endlos der Friede / für Davids Thron / und sein Königreich,
das er aufrichtet und festigt / in Recht und Gerechtigkeit / von nun an bis in Ewigkeit.
Der leidenschaftliche Eifer des Herrn der Heerscharen / wird dies bewirken.

Alternative Lesung

Joh 1,9–16
⁹Das Wort war das wahre Licht, das jeden Menschen erleuchtet; es kam in die Welt.
¹⁰Er war in der Welt, / und die Welt ist durch ihn geworden, / und die Welt hat ihn nicht erkannt.
¹¹Er kam in sein Eigentum, / und die Seinigen nahmen ihn nicht auf.
¹²Allen aber, die ihn aufnahmen, / gab er Macht, Kinder Gottes zu werden, / denen, die an seinen Namen glauben,
¹³die nicht aus dem Blut, / nicht aus dem Willen des Fleisches, / nicht aus dem Willen des Mannes, / sondern aus Gott geboren sind.
¹⁴Und das Wort ist Fleisch geworden / und hat unter uns gewohnt
und wir haben seine Herrlichkeit geschaut, / eine Herrlichkeit, wie sie der einzige Sohn vom Vater hat, / voll Gnade und Wahrheit.

¹⁵Johannes legte Zeugnis für ihn ab und rief: Dieser war es, von dem ich gesagt habe: Er, der nach mir kommt, ist mir voraus, weil er vor mir war. ¹⁶Aus seiner Fülle haben wir alle empfangen, / Gnade um Gnade.

Meditativer Tanz »Im Dunkel unsrer Nacht«

Impuls

Jeder Mensch kennt Dunkelheiten, Zweifel, Angst. Was ist *meine* Nacht-Erfahrung?
Wo hinein erbitte ich Sein Licht?

Stille

Meditation

Du göttliches Kind
inmitten der Nacht geboren
solltest du die Dunkelheit nicht kennen?

Du göttliches Kind
in einem Stall geboren
solltest du die Kälte nicht kennen?

Du göttliches Kind
im fernen Land geboren
solltest du die Einsamkeit nicht kennen?

Ja, du kennst sie: Dunkelheit, Kälte und Nacht
nicht zufällig
so nebenbei
nein, hineingeboren!

Hineingeboren in unsere Armut
in unsere Erbärmlichkeit
in unsere Menschlichkeit.

Du wolltest sein wie wir
Mensch
das war dein Weg

um uns ganz nahe zu sein
ganz ähnlich.

Das ist es, was uns einander anzieht
du streckst deine Arme aus nach uns
und wir – strecken uns aus nach dir

weil du im ganz Kleinen die Größe bist
weil du im ganz Kalten die Wärme bist
weil du im ganz Dunklen das Licht bist.

Du hast das göttliche Licht hereingebracht
in die Dunkelheit des Stalles
damit es allen leuchte, die sich danach sehnen.

Entzünde dein Licht auch in uns!

Wiederholung Meditativer Tanz »Im Dunkel unsrer Nacht«

Schlussgebet

Du Licht vom Lichte
göttliches Kind
leuchte uns
auf unseren Wegen
strahle auf
in unseren Häusern
mach hell
unsere Herzen.
Segne uns,
dreifaltiger Gott,
Vater, Sohn und Heiliger Geist.
Amen.

Cäcilia Kittel/Tanz: Martina Jung

Meditation »Der König mit den leeren Händen«

▶ Für alle

Vorbereitung

Papier und Stifte
Musik zum Ankommen
Für die Mitte Jesus in der Krippe
Kerze

Geschichte

Den Text abschnittweise vorlesen, dabei Zeiträume schaffen für die eigene Betrachtung

Es geschah vor Jahren im Außenquartier einer größeren Stadt. Ein paar jüngere Leute hatten die Absicht, die Weihnachtsgeschichte zu spielen. Einer dramatisierte die Erzählung. Jung und Alt probten eifrig. Kulissen wurden gemalt. Frauen nähten die Kostüme. Am Vorabend der ersten Aufführung stellte man aber mit Entsetzen fest, dass die Drei Könige fehlten. Man hatte die Rollen einfach vergessen. Doch darin waren sich die Spieler schnell einig: auf diese wollte man nicht verzichten! Die Drei Könige gehören zu einem Weihnachtsspiel. Aber was tun? Der Spielleiter hatte eine Idee. Er wollte jetzt gleich drei Leute aus dem Quartier telefonisch anfragen, ob sie bereit seien, als König einzuspringen. Sie sollten einfach einen Gegenstand mitbringen, der ihnen etwas bedeutet, sozusagen als Geschenk für das Christkind.
Und dazu sollten sie frisch von der Leber weg sagen, warum sie gerade diesen Gegenstand mitbrächten.
Das war noch die beste Lösung, die in dieser misslichen Lage weiterhelfen konnte. Der Vorschlag fand Zustimmung.

Kurze Sprechpause

Wenn Sie das hören, was fällt Ihnen alles ein? Spontan aufschreiben.

Einige Minuten Stille

Der erste König war bald gefunden. Ein Mann Mitte fünfzig, Vater von fünf Kindern, Angestellter bei der Stadtverwaltung. Er überlegte nicht lange, was er als Geschenk mitbringen wollte. Er entschied sich für Krücken, die im Abstellraum lagen. Vor einigen Jahren hatte er einen schweren Autounfall. Frontalzusammenstoß. Er lag mehrere Wochen im Krankenhaus, mit vielen Brüchen an den Beinen und im Becken. Es war eine schwere Zeit. Lange wusste der Mann nicht, ob er überhaupt wieder einmal würde gehen können. Nächtelang lag er wach im Bett und dachte über sein Leben nach. Er hatte vieles für selbstverständlich genommen. Jetzt lernte er dankbar zu sein für das Kleine und Alltägliche. Jeder noch so kleine Fortschritt machte im Mut und Freude. Seine Angehörigen sagten, diese Krankenhauszeit habe ihn verändert. Er sei bescheidener und fröhlicher geworden. Und vor allem dankbar. Man konnte ihn geradezu einen König der Dankbarkeit nennen. – Diese Lebenserfahrung wollte der Mann erzählen, wenn er im Spiel die Krücken zur Krippe bringen würde.

Kurze Sprechpause

Was setzt diese Erfahrung in Ihnen an Gedanken und Gefühlen in Bewegung?

Einige Minuten Stille

Der zweite König war eine Königin. Eine Frau, Jahrgang 1953, Mutter von zwei Kindern. Sie sagte spontan zu, denn es lockte sie, etwas ganz Ungewöhnliches zu probieren. Sie hatte lange und intensiv auf ihr Leben zurückgeblickt, als sie bis gegen Mitternacht überlegt hatte, was sie als Geschenk mitbringen sollte: Da gab es kein großes Ereignis, von dem sie berichten konnte. Es war vielmehr ein langwieriger, mühsamer Prozess, sich in die Rolle der Hausfrau und Mutter einzuleben. Sie hatte zunächst in ihrem Beruf als Grafikerin sehr viel Freude und Bestätigung erfahren. Dann aber, nach der Heirat, entstand plötzlich ein großes schwarzes Loch. Sie sieht sich wie im Film, wie sie in den ersten Ehejahren freudlos mit dem Besen hantiert und irgendwo in der Wohnung herumsitzt … Dann kamen die Kinder und mit ihnen viel Freude. Sie wurde gebraucht, und das tat gut. Mit der Zeit merkte sie auch, dass man mit Selbstmitleid nicht weiterkommt. Sie entdeckte in der gegebenen Situation ihre schöpferische Kraft und gründete Bastel-und Spielgruppen. Im Glauben begriff sie: Gott will mich nicht im Haushalt versauern lassen. Er will mein Glück und meine Freude. Aber ich muss schon selber einen Schritt tun. – Die Frau interessierte sich dann in Gesellschaft und Schule zunehmend auch für öffentliche Probleme. Sie entdeckte, dass gerade ihre alltägliche Erziehungsaufgabe letztlich von gesellschaftlicher Bedeutung war. – So, im langen Nachdenken, begriff diese Frau ihren Lebenssinn neu. Aber noch blieb die Frage, was sie als Königin mitbringen sollte. Etwa einen Besen? Oder Windeln? Sie entschied sich für etwas, das man nicht sehen konnte und das doch so lebendig in ihr war wie nie zuvor: das Ja ihres Hochzeitstages! Das wollte sie mitbringen. Ein neues, gereiftes Ja. Ein frisches Ja zu einem Leben, das sie freiwillig gewählt hatte und das sie jetzt in einem langsamen Prozess ausschöpfen wollte.

Kurze Sprechpause

Was kommt Ihnen in den Sinn, wenn sie das hören? Gibt es eigene Erfahrungen?

Einige Minuten Stille

Der dritte König war und ist ein Fall für sich. Ein junger Mann hatte zugesagt … und war dann doch nicht erschienen. Er sitzt noch immer in seinem Zimmer und weiß nicht, was er mitbringen soll.

Kurze Sprechpause

Sie sind der dritte König.
Was könnten Sie ihm mitbringen?
Wie geht es Ihnen?

Längere Zeit der Stille

In ihm ist nur Unruhe, Suchen, Fragen, Warten, Zweifeln. Er hat nichts vorzuweisen. Seine Hände sind leer. Sein Herz ist voll Trauer und Sehnsucht nach Glück und Lebenssinn. Und wer will schon Sehnsucht und Trauer weiterschenken …
Seit kurzem allerdings beschäftigt den jungen Mann eine Frage ganz stark: Wenn das Christkind doch geboren wurde, um uns etwas zu bringen, dann wäre es doch am besten, wenn wir leere Hände hätten und unser Herz ganz zum Empfang bereit wäre …
Ob man als König nicht einfach leere Hände mitbringen könnte?
Diese Frage lässt den jungen Mann nicht mehr los. Und wer weiß, wenn in einigen Jahren die Weihnachtsgeschichte wieder gespielt wird, ist dieser Mann dabei …
Als König mit den leeren Händen.

Bruno Dörig

Übung

Gehen Sie nun mit leeren offenen Händen an die Krippe und versuchen Sie in einer Gebetshaltung, die Ihnen in diesem Augenblick als die passende erscheint, dort im Gebet zu verweilen.

Austausch

Wie sehr fühlen Sie sich durch diese Geschichte verstanden?
Erzählen Sie das, was Sie der Gruppe mitteilen wollen. Selbstverständlich können Sie Ihre Gedanken auch still im Herzen bewahren.

Abschluss

Gebet
Was sollen wir Dir darbringen, Christus,
da Du um unseretwillen auf Erden Mensch geworden bist?
Jedes Deiner Geschöpfe bringt Dir seinen Dank dar:
Die Engel den Gesang,
die Himmel den Stern,
die Magier Gaben,
die Hirten das Staunen,
die Erde die Höhle,
die Wüste die Krippe,
wir aber die Mutter-Jungfrau.
Der Du vor aller Zeiten Gott bist, erbarme dich unser.
Sticheron aus dem Abendgottesdienst des Festes der Geburt Christi

Barbara Blum/Cordula Leidner

VIII. Fastenzeit

Fastenzeit – wähle das Leben!
Frühjahrsputz für die Seele

Bildmeditation »Jesus im Elend«

▶ Für alle

Jesus im Elend, Görlitz. Foto: Privat

Vorbereitung

Für jeden Teilnehmer eine Kopie des Bildes

Anleitung

Werden Sie still und versuchen Sie, die innere und äußere Stille auszuhalten.
Schauen Sie auf das Bild und lassen Sie sich von dem Bild, von Jesus anschauen.

Langsam werden die verschiedenen Möglichkeiten vorgetragen:

Versuchen Sie, diesem Jesus gegenüber Ihren Platz zu finden:
Bleiben Sie in größerem Abstand zu ihm stehen ... Schauen Sie ... Spüren Sie, ob Sie weitergehen wollen ... oder stehen bleiben wollen ...
Stellen Sie sich ihm gegenüber ... Ist das der passende Platz?
Setzen Sie sich mithilfe der inneren Vorstellung rechts neben ihn ... nah oder etwas entfernt ... Ist hier gut sein?

Setzen Sie sich mithilfe der inneren Vorstellung links neben ihn... Lieber näher oder etwas entfernt?... Ist das der Platz, der Sie anzieht?
Wollen Sie ihn berühren?... Die Wunden säubern... oder streicheln?...
Wenn Sie glauben, den jetzt für Sie richtigen Platz gefunden zu haben, versuchen Sie, mit ihm ins Gespräch zu kommen. Sagen Sie ihm, was Ihnen alles so durch Kopf und Seele geht, wenn Sie ihn da so sitzen sehen.
Sie haben Zeit!
Beenden Sie Ihr Gespräch mit ihm mit einer Bitte, einem Dank.

Austausch

Abschluss

Ich hatte eine Zeit,
da war ich blind.
Ich dachte, was alle dachten.
Ich sagte, was alle sagten.
Ich tat, was alle taten.
Ich hatte eine Zeit,
da tat ich meine Pflicht,
da dachte ich in Schablonen,
da war für mich die Welt weit weg.
Ich hatte eine Zeit,
da war ich blind.

Da bin ich aufmerksam geworden.
Da merkte ich: vieles stimmt nicht.
Sie reden von Sachzwang
und zerstören den Menschen.
Sie reden vom Frieden
und handeln mit Waffen.
Sie verdienen an den Gastarbeitern
und an der Ditten Welt.
Sie hassen einander
und gehen gemeinsam zum Gottesdienst.
Da bin ich aufmerksam geworden.

Da bin ich aufmerksam geworden.
Da habe ich die Bibel gelesen.

Einer versuchte den geraden Weg,
berief sich auf Gott,
sagte die Wahrheit.
Ich las von seinem Untergang
und las von seiner Auferstehung.
Da bin ich aufmerksam geworden.

Da begann ich zu fragen.
Wer ist schuld, dass die Welt
so ist wie sie ist?
Wir?
Niemand?
Gott?
Sonst wer?
Wer wird sie verändern?
Wir?
Niemand?
Gott?
Sonst wer?
Wer tut etwas?
Wir?
Niemand?
Gott?
Sonst wer?
Da begann ich zu fragen.
Ich begann zu beten.
Martin Gutl

Cordula Leidner

Meditation »Dornen-Kreuz«

▶ Für Erwachsene

Vorbereitung

In der Mitte steht oder liegt auf einem roten Tuch ein kahler Dornenzweig, möglichst in angedeuteter Form eines Kreuzes.

Einzelne Dornen in einer Schale
Liedblätter
Stuhlkreis bzw. Meditationshocker

Lied

Herzliebster Jesu (GL 180/EG 81), die ersten beiden Strophen

Sammlung

Sie sind eingeladen zu innerer Sammlung, zum stillen Verweilen, zum hörenden Dasein. Es ist gut, sich einige Momente Zeit zu nehmen, um bequemes, aber waches Sitzen zu ermöglichen und die Aufmerksamkeit auf das ruhige Fließen des Atems zu lenken.

Kurze Stille zur inneren Sammlung

Betrachten Sie die Symbole der Mitte und lassen Sie sie in einer kurzen Stille auf sich wirken.

In meditativer Weise wird der Meditationstext (Teil 1) langsam vorgetragen.

Meditationstext – Teil 1

Ein Zweig aus Dornen.
Ein Dornengestrüpp,
dürr, ohne Grün, ohne Blüten, ohne Leben.
Mit Dornen möchte ich nicht in Berührung kommen,
ich möchte sie höchstens aus der Ferne betrachten.
Greife ich unbedacht hinein, so werden sie mir Schmerz zufügen.
Vor Dornen schrecke ich zurück.
Freiwillig lasse ich sie nicht an mich heran,
vor Dornen habe ich Respekt,
je schärfer und spitzer sie sind,
umso mehr nehme ich mich vor ihnen in Acht.
Ich nehme lieber einen Umweg in Kauf,
als zwischen Dornenhecken hindurchzugehen.
Ich möchte mich vor Dornen schützen,
ich vermeide sorgfältig, barfüßig in einen Dorn zu treten.
Den Dornen weiche ich aus, weil ich dem Schmerz ausweiche.

Einige Minuten Stille. Anschließend wird jedem Teilnehmer schweigend behutsam ein Dorn aus der Schale in die Hand gelegt.

Impuls

Dornen in meinem Leben: Wo spüre ich sie?

Kurze Stille, dann wird der Meditationstext (Teil 2) langsam vorgetragen.

Meditationstext – Teil 2

Als Jesus ausgeliefert war,
wurde er gegeißelt, verspottet und verhöhnt.
Schließlich wurde eine Dornenkrone auf sein Haupt gesetzt.
Dort, wo ein Mensch am empfindlichsten ist, am Kopf,
drangen die Dornen schmerzhaft ein.
Nicht durch einen unglücklichen Zufall kam Jesus mit den Dornen in Kontakt,
sondern gewollt durch Bosheit, Sünde, Neid, Stolz, Macht und Gier.
Jesus ist dem Schmerz nicht ausgewichen,
er hat ihn zugelassen,
er hat das Leid und den Schmerz auf sich genommen.

Die Dornen sind ein sichtbares Zeichen von Schmerz.
Was bedeutet es, mit Dornen gekrönt zu sein?
Die Krönung ist Höhepunkt,
die Dornenkrone ist Zeichen von höchstem Schmerz.

Ein Blick auf den Zweig in unserer Mitte
lässt uns das Kreuz Jesu erahnen,
den Kreuzesstamm, die ausgebreiteten Arme,
Jesu Haupt, von Schmerz durchdrungen,
ein Schmerz, der in seine Mitte eindringt
und ihn vollständig ausfüllt.

Die Schmerzen Jesu können wir nur erahnen,
begreifen können wir sie nicht.
Die äußeren Schmerzen,
die durch Geißelung, Dornenkrone und Misshandlung entstanden sind,

vereinen sich mit den inneren Schmerzen,
dem Leiden an der Erlösungsbedürftigkeit der Menschheit.
Alles ballt sich zusammen zu dem einen Schmerz,
zu purem Schmerz.

Einige Minuten Stille

Impuls

Jesus, ein Mann voller Schmerzen: Wage ich, meinen Blick auf ihn zu richten, auszuhalten ohne auszuweichen, ohne davonzulaufen? Wage ich, Jesus in seinem Schmerz zu betrachten?

Kurze Zeit der Stille, dann wird der Meditationstext (Teil 3) langsam vorgetragen.

Meditationstext – Teil 3

Jesus hat diesen unsagbaren Schmerz ausgehalten.
Blutüberströmt hat er allen von Menschen je erfahrenen Schmerz durchlitten.
Er hat sein Blut gegeben,
weil er wusste, dass es nicht vergebens sein wird.
Er ist bis ans Äußerste gegangen,
damit die Menschen erlöst werden.

Als Sohn Gottes kam er in die Welt und wurde Mensch.
Aus Liebe zu uns hat er für uns gelitten,
um uns zu erlösen,
um uns zu heilen
und zu heiligen.

Die rote Farbe des Tuches, auf dem das Kreuz aus Dornen steht (liegt), ist Zeichen des für uns vergossenen Blutes.
Zugleich ist die Farbe Rot auch ein Symbol für die Liebe.
Das Vergießen des Blutes Christi und seine unendliche Liebe zu uns sind untrennbar miteinander verbunden.
Die Todesangst ließ Jesus am Ölberg zittern und weinen.
Ausgehalten aber hat er aus Liebe.
Aus Liebe ist er den Kreuzweg gegangen,

aus Liebe hat er die Schmach und den Spott über sich ergehen lassen, aus Liebe hat er das Leid durchgehalten und sein Blut vergossen.
Er war ganz Mensch wie wir
und so litt er als Mensch.
Den Schmerz ausgehalten hat er aus Liebe.
Bis ans äußerste Ende ist er gegangen,
bis in den Tod.
Aus Liebe.
Aus Liebe zu uns.

Einige Minuten Stille

Impuls

Aus Liebe ausgehalten, gelitten, hingegeben. Nehmen wir uns jetzt Zeit für ein stilles persönliches Gebet. Was will ich Jesus sagen?

Zum Abschluss der Gebetsstille werden die Teilnehmer eingeladen, den Dorn aus ihrer Hand schweigend auf dem roten Tuch in der Mitte abzulegen.

Schlussgebet

Herr Jesus,
dein Reich ist nicht von dieser Welt
deine Macht ist nicht prunkvoll
deine Krone ist nicht aus Gold

du hast dich niederdrücken lassen
in den Staub und
in den Abgrund von Angst und Tod

Herr Jesus,
du bist einer der Ärmsten geworden
den Verachteten gleich
geschunden und geschlagen

du hast
ausgehalten aus Liebe
gelitten bis zum Äußersten

dich hingegeben
für die Menschheit

um uns
aufzurichten
zu befreien und
zu erlösen

Wie stark
wie groß
wie unendlich
muss deine Liebe zu uns sein.

Wir preisen dich und danken dir.
Amen.

Cäcilia Kittel

Fantasiereise »Mein Lebensgepäck«

▶ Für alle

Anfangslied: »Nowbody knows«

Vorbereitung

In der Mitte steht ein Rucksack, der fertig für eine Wanderung gepackt ist (Taschenmesser, Essen, Trinken, Pflaster, ein Pullover, Streichhölzer, …) Gemeinsam mit den Teilnehmern wird gesammelt, was man im Wanderrucksack alles braucht, die genannten Dinge werden aus dem Rucksack genommen und um ihn herum ausgelegt.

Fantasiereise

Am Horizont geht gerade die Sonne auf, als du erwachst. Du streckst dich und überlegst, was du mit diesem Tag anfängst. Du hast frei, keiner wartet auf dich, du musst heute nichts erledigen und nirgendwo erscheinen.
Nach kurzer Zeit beschließt du, heute deinen Rucksack zu packen und

einfach draufloszulaufen. Du packst alles ein, was man so unterwegs brauchen könnte: ein Taschenmesser, einen Pullover, ein Seil, Pflaster, Streichhölzer, etwas zu trinken und zu essen, und machst dich auf den Weg.

Du gehst aus deinem Haus, auf die Straße, an den Häusern, in denen deine Nachbarn und Freunde wohnen, vorbei, … raus aus der Stadt … links und rechts breitet sich eine weite Wiese aus, auf der bunte, herrlich duftende Blumen blühen und Bienen mit Schmetterlingen darüber tanzen, die Sonne lacht am strahlend blauen Himmel … deine Schritte werden leichter und du atmest die frische Luft ein … du kommst an Feldern voller Ähren entlang, die im leichten Wind hin und her wiegen … und durchquerst einen Wald …

Als du in dessen Mitte eine Lichtung entdeckst, beschließt du Rast zu machen und dich ein wenig auszuruhen. Du setzt dich ins Gras und legst deinen Rucksack neben dich. Als du ihn öffnest, staunst du nicht schlecht, denn die Dinge die du eingepackt hast, sind nicht mehr darin. Stattdessen siehst du Steine. Du schaust sie dir genauer an und entdeckst: der Rucksack ist kein gewöhnlicher Rucksack – er ist dein Lebensgepäck. Du siehst graue, schwere und einfache Steine, die du mit dir herumschleppst, Dinge, die dich bedrücken, die dir lästig sind und dir das Leben schwermachen …

Aber da sind auch kleine, ausgefallene, farbige, glatte gemusterte Steine, die wunderschön in der Sonne glitzern, … Dinge, auf die du stolz bist, die dein Leben leichter machen, die du an dir magst, schöne Erlebnisse …

Du beschließt, deinen Rucksack auszumisten, und kippst ihn aus. Du packst ihn neu ein und nimmst diesmal nur das mit, was dir wichtig ist und du tragen kannst …

Das können neben verschiedenen kleinen (Edel-)Steinen auch größere, schlichte, graue sein, die auf den ersten Blick zwar eine Last waren, dann aber zu einem Schatz wurden …

Nachdem du deinen Rucksack nun neu gepackt hast, machst du dich wieder auf den Weg … du läufst weiter … erst nach einiger Zeit merkst du, dass du dich schon wieder auf dem Rückweg befindest. Die ersten Häuser kannst du in der Ferne erkennen und bald hast du die Stadt, dann deine Straße und schließlich auch wieder dein Zuhause erreicht.

Glücklich und zufrieden öffnest du die Wohnungstür …

Schreibübung

Die Teilnehmer erhalten nun alle einen Stift und ein Blatt mit Fragen (Kopiervorlage auf CD-ROM).

Während die Teilnehmer schreiben, holt der Leiter/die Leiterin drei Steine aus dem Rucksack (unterschiedlich groß); zu jedem Stein legt er/sie ein Wort: Offenheit, Hoffnung, Zuversicht, ... (können beliebig ergänzt, verändert werden), und die Textstelle Mt 11,28:
»Kommt alle zu mir, die ihr euch plagt und schwere Lasten zu tragen habt. Ich werde euch Ruhe verschaffen.«

Abschlusslied

Irische Segenswünsche – Möge die Straße ...

Die Teilnehmer bekommen einen kleinen Edelstein mit auf den Weg.

Miriam Frankenstein

Meditation »Klagen – Bitten – Hoffen«

▶ Für Jugendliche

Vorbereitung

Eine kleine Klagemauer aus Schuhkartons steht vor den Teilnehmern.

Anfangslied

»Meine Hoffnung und meine Freude« (Taizé-Gesang)

Bibeltext vorlesen

Klagelieder 3,8–14; 17–21

1. Impuls

In Jerusalem gibt es eine Klagemauer. Sie ist ein Rest des herodianischen Tempels aus der Zeit Jesu und steht heute für die Erfahrung, dass der Mensch einen Ort braucht, eine Umgebung, wo er klagen kann, weinen kann, wenn Schmerz und Leid ihn bedrücken.

Stille

Wieso ich?
Warum muss ich leiden?
Warum muss es immer mich treffen?
Wo bist du, Gott? ...
Verzweiflung, Ausweglosigkeit, Trauer ...
Ich stelle mir diese große Mauer vor, neben mir murmeln andere ihr Gebet. Mächtig erstreckt sie sich vor mir gen Himmel, große Steine, aneinandergereiht, ... dazwischen ein kleiner Spalt, gefüllt mit kleinen Zetteln, ... Ein winziger Spalt ist noch frei – für meinen Zettel.
Welche Klage, Bitte würde ich in die Mauerritzen hineinstrecken? ...

Die Teilnehmer/Teilnehmerinnen können symbolisch ihre Bitten auf einen Notizzettel schreiben und zwischen die Schuhkartons stecken.

Gebet

Herr, ich bin ratlos,
ich erkenne nicht, wohin du mich führen willst,
ich sehe nicht den nächsten Schritt, vergeblich suche ich dich,
ich bin ganz verschlossen in mir.

Ich bitte dich um einen Menschen,
der mir hilft, dich wiederzufinden,
einen Menschen, der aus der Kraft deiner Liebe
mir zugewandt ist, frei von sich selbst,
der mir zuhören kann,
der mit mir schweigen und warten kann,
was du sagst, einen Menschen,
der für mich glaubt und vertraut,
bis ich dich wiederfinde und meinen Weg wieder sehe.
Herr, ich vertraue dir, dass du mich hörst,
ich danke dir, dass du mir begegnest mit Menschen,
damit ich dich fassen kann.
Karl Rahner

2. Impuls

Die Klagemauer ist zugleich eine Mauer der Hoffnung auf Befreiung und Erlösung.

Die Fragen mit Pausen zur persönlichen Meditation vorlesen.

Wie kann diese Hoffnung aussehen/lauten?
Wodurch erfahre ich sie?
Welche Hoffnung habe ich?

Die Teilnehmer erhalten Gelegenheit, für ihre Hoffnung ein Licht anzuzünden.

Das Licht erhellt den Raum und die Mauer, schafft Zuversicht. Wer möchte kann seine/ihre Hoffnung auch auf einen Zettel schreiben und in die Mauer stecken.

Abschluss

Lied: »Meine engen Grenzen«
Alternative: »Keinen Tag soll es geben«

Zum Mitgeben: eventuell den Teilnehmern ein Bild von der Klagemauer mitgeben (Vorlage auf CD-ROM).

Miriam Frankenstein

Bildbetrachtung »Die Fußwaschung«

▶ Für alle

Fußwaschung aus dem Evangeliar Ottos III.

Vorbereitung

Bilder oder Beamer
Papier und Stifte

Evangelium

Die Fußwaschung (Joh 13,1–13,20)
¹Es war vor dem Paschafest. Jesus wusste, dass seine Stunde gekommen war, um aus dieser Welt zum Vater hinüberzugehen; und weil er die Seinen, die in der Welt waren, liebte, so liebte er sie bis zum Ende. ²Man war bei Tisch und der Teufel hatte Judas, dem Sohn des Simon Iskariot, schon ins Herz gelegt, ihn zu verraten. ³Da erhob sich Jesus, der wusste, dass der Vater ihm alles in die Hände gegeben und dass er von Gott ausgegangen war und nun zu Gott zurückkehrte, ⁴vom Mahl auf, legte die

Oberkleider ab, nahm ein Leinentuch und band es sich um. ⁵Dann goss er Wasser in das Waschbecken und begann, den Jüngern die Füße zu waschen und mit dem Leinentuch abzutrocknen, das er sich umgebunden hatte. ⁶Als er zu Simon Petrus kam, sagte der zu ihm: Herr, du willst mir die Füße waschen? ⁷Jesus antwortete ihm: Was ich tue, verstehst du jetzt nicht; aber später wirst du es begreifen. ⁸Petrus entgegnete ihm: Niemals sollst du mir die Füße waschen! Jesus antwortete ihm: Wenn ich dich nicht wasche, hast du keinen Anteil an mir. ⁹Da sagte Simon Petrus zu ihm: Herr, nicht nur meine Füße, sondern auch die Hände und den Kopf! ¹⁰Jesus sagte zu ihm: Wer gebadet ist, hat nicht nötig, sich zu waschen, sondern ist ganz rein. Auch ihr seid rein; aber nicht alle. ¹¹Denn er kannte seinen Verräter. Deshalb sagte er: Ihr seid nicht alle rein.
¹²Als er ihnen die Füße gewaschen, seine Oberkleider angelegt und sich wieder zu Tisch gelegt hatte, sagte er zu ihnen: Versteht ihr, was ich an euch getan habe? ¹³Ihr sagt zu mir Meister und Herr, und mit Recht tut ihr das; denn ich bin es. ¹⁴Wenn nun ich, der Herr und Meister, euch die Füße gewaschen habe, müsst auch ihr einander die Füße waschen. ¹⁵Denn ich habe euch ein Beispiel gegeben, damit auch ihr tut, wie ich an euch getan habe.

Bildmeditation

Betrachten Sie in Stille das Bild aus dem Evangeliar Ottos III.

Kurze Stille

Wie wirkt Jesus auf Sie? – Wer mag, darf seine Gedanken laut aussprechen. Wir hören einander zu.

Wenn keine Beiträge mehr kommen, nächster Schritt:

Was empfinden Sie, wenn Sie auf die verschiedenen Jünger schauen? Sprechen Sie Ihre Gedanken und Gefühle aus.

Anschließend Gedanken für die persönliche Meditation:

Stellen Sie sich vor, Sie sind mit auf dem Bild.
An welcher Position sehen Sie sich? …
Wie ist Ihnen zumute? …
Bleiben – Warten – Flucht ergreifen – Hinter-sich-bringen – …
Versuchen Sie, sich selbst nahezukommen!

Zeit der Stille

Bildbetrachtung »Die Fußwaschung«

Abschluss

Gebet
Gott meiner Sehnsucht

Du Gott der schweigsamen Sehnsucht
hast nach meiner Freundschaft gestrebt
und dir immer schon gewünscht,
mit mir in Kontakt zu kommen.

Du Gott der sanftmütigen Sehnsucht
wirkst zärtlich und gewaltig
in menschlichen Beziehungen,
ihrem Glück und ihren Nöten.

Du Gott der unendlichen Sehnsucht
träumst immer neu davon,
wie wir als Menschen glücklich werden
durch dein Wohlgefallen.

Du Gott der leidenschaftlichen Sehnsucht
hörst niemals auf, mit uns Menschen neue Wege zu wagen,
auf denen wir das Leben finden,
das volle, das echte, das wahre.

Du Gott der belächelten Sehnsucht
erträgst sogar Spott und Hohn,
um der Liebe und des Menschen willen,
für den du alles hingibst und tust.

Du Gott der obdachlosen Sehnsucht
hast dir als Heimat und Wohnung
mein Leben gewählt, mein glückliches,
mein zerrissenes Herz, einfach mich.
Paul Weismantel

Cordula Leidner

IX. Ostern

Ostern – ein Fest des Glaubens

In der Orthodoxie ist Ostern das größte Fest. Mit Tod und Auferstehung Jesu verändert sich alles. Es ist nicht nur Wendepunkt im Weltgeschehen, sondern auch Wendepunkt in der Geschichte: Er erlöst die Toten aus ihrer Gefangenschaft im Hades, im Totenreich. Er nimmt Adam an die Hand und führt ihn heraus aus dem Schattenreich, und das gilt für alle Verstorbenen. Sie bekommen ein neues, erlöstes, befreites Leben.

Fantasiereise »Welcher Weg ist richtig?«

▶ Für Jugendliche

Den richtigen Weg zu finden und den Mut haben, ihn auch zu gehen, ist nicht immer einfach. Wir sind da in guter Gesellschaft mit den Jüngern, die ohne den leibhaftigen Jesus ziemlich ratlos waren.

Vorbereitung

Leise Musik zum Ankommen

Anleitung

Still werden.
Die Augen schließen, schauen, wie der Atem kommt und geht.
Stelle dich nun innerlich darauf ein, dass du eine Reise machen möchtest. Du hast schon alles vorbereitet und bist gerade dabei, das Haus zu verlassen. Jemand aus deinem engeren Kreis begleitet dich an die Haustüre. Es können deine Eltern sein, dein Freund oder deine Freundin oder eine andere Person, die dir nahesteht.
Diese Person überreicht dir zum Abschied eine selbst erstellte Landkarte, die zusammengerollt und verschnürt ist. Es handelt sich nicht nur um eine übliche Landkarte, vielmehr hat dir die nahestehende Person Wege eingezeichnet.
Du nimmst Abschied und gehst ein Stück des Weges.
Bald kommst du an eine große Kreuzung und du sollst dich entscheiden, welchen Weg du nimmst.
Natürlich erinnerst du dich an die Wegvorschläge auf der Landkarte.
Du holst sie aus der Tasche und du bist schon ganz gespannt, welche Wege vorgeschlagen werden.
Und du stellst fest, dass es ganz verschiedene und auch eigenartige Wege sind.
Es sind Wegweiser für eine berufliche Situation;
für die Partnersuche;
Wegweiser für ein bestimmtes Haus und eine bestimmte Stadt;
Wegweiser für deine Gesundheit und viele andere Wegweiser.
Was sagen dir die Wegweiser? ...
Prüfe, ob du dich nach denen ausrichten möchtest oder nicht! ...
Josef Griesbeck

Austausch

Welche Wegweiser sind für dich jetzt wichtig?

Abschluss

Gebet
Sag mir, o Gott,
deinen Namen,
den unerhörten,
den ganz anderen,
nicht einen von denen,
die ich viel zu oft schon
gehört habe, ohne dass
sie mein Herz berührt haben.

Zeig mir, o Gott,
meinen Weg,
den ureigenen,
den ganz persönlichen,
den niemand sonst
gehen kann, weil es der ist,
den du für mich vorgesehen hast
von ewigen Zeiten her.

Hilf mir, o Gott,
so wie du es schon
vielen anderen getan hast,
damit auch ich erfahre,
wie du wirkst und lenkst,
wie du handelst und verwandelst,
so verborgen und offensichtlich,
so unscheinbar und wunderbar.

Paul Weismantel

Fantasiereise mit Jesus »Das Erkennen«

▶ Für alle

Körperwahrnehmungsübung

Verteilen Sie sich bitte im Raum so, dass untereinander ausreichend Abstand besteht.
Jeder/jede stelle sich aufrecht hin und finde einen guten Stand. Beide Füße stehen in leichtem Abstand zueinander und das Gewicht des Körpers verteilt sich gleichmäßig auf beide Beine.
Der Kopf richtet sich mit seinem Scheitelgebiet zur Zimmerdecke aus. Stellen Sie sich vor, Sie sind ein Baum, der über die Fußsohlen gut und tief im Boden verwurzelt ist.
Stellen Sie sich vor, es kommt ein leichter Wind auf, der den Baum auch leicht in Bewegung bringt. Geben Sie der Bewegung nach. Der Wind wird nach und nach stärker, der Baum kommt mehr und mehr ins Schwanken, behält aber seinen Stand und fällt nicht um.
Ein Baum wächst im Laufe des Jahres, meist nicht viel, aber der Stamm wächst fast unmerklich nach oben. Spüren Sie nach, wie sich etwas in Ihnen aufrichtet.
Nehmen Sie im Ganzen wahr: im Boden verwurzelt und aufgerichtet nach oben.
Verabschieden Sie sich aus dem Bild des Baum und finden Sie sich mit den anderen im Raum wieder ein. Wenn Sie mögen, können Sie sich behutsam bewegen.
Aus: »GCL Werkmappe«

Suchen Sie sich nun einen Platz in der Runde und hören Sie, zu welcher Frage der folgende Text Sie verlocken möchte.

Heute stelle ich Ihnen eine lebenswichtige Frage:
Wer ist Jesus Christus für Sie?
Zu Beginn versetzen Sie sich in seine Gegenwart –
eine Gegenwart, in der Sie ganz und gar
Sie selbst sein können ...
Dann führen Sie ein Gespräch mit ihm
und wählen als Gesprächsgegenstand

die Titel, die die Heilige Schrift ihm gibt:
…
Der erste hängt mit seinem Namen zusammen: Erlöser.
Ist Jesus Ihnen ein Erlöser gewesen?
Bei welchen Gelegenheiten? …
Unter welchen Umständen? …
Was bedeutet es,
wenn Sie ihn mit diesem Titel anreden?
…
Teilen Sie ihm das Ergebnis Ihrer Fragen mit …
Er antwortet …
…
Ein anderer Titel, den die Schrift ihm gibt, ist Herr.
Sagen Sie ihm, was es für Sie bedeutet, ihn Herr zu nennen …
Und er erläutert es …
Die Schrift nennt ihn auch Lehrer.
Denken Sie nach, was für Lehren er ihnen gegeben hat, und fragen Sie ihn,
wie er Ihre Rolle als Schüler beurteilt …
…
Und diese Titel gab Jesus sich selbst:
Ich bin die Auferstehung und das Leben.
Kann Jesus mit Recht sagen, dass er Ihr Leben ist?
Welche Bedeutung hat das für Ihren Alltag? …
…
Er gab sich auch den Namen Freund:
»Ihr seid meine Freunde,
denn ich habe euch alles kundgetan,
was ich von meinem Vater gehört habe.«
Was hat er Ihnen als Freund kundgetan? …
…
Jetzt legen Sie die Heilige Schrift beiseite
und lassen Ihr Herz aus eigener Erfahrung sprechen.
Es denkt sich selbst einen Titel aus …
…
Und geben Sie acht, was er dazu sagt …
Nach Anthony de Mello

Austausch

Welcher Name hat Sie am meisten berührt?
Es wird nicht jeder Titel für alle gleich wichtig sein.

Abschluss

Freies Dank- und/oder Bittgebet oder:

Gott hat sein letztes, tiefstes, schönstes Wort
im fleischgewordenen Wort in unsere Welt hineingesagt.
Und dieses Wort heißt:
Ich liebe dich, du Welt, du Mensch.
Ich bin da: Ich bin bei dir.
Ich bin dein Leben.
Ich bin deine Zeit.
Ich weine deine Tränen.
Ich bin deine Freude.
Fürchte dich nicht!
Wo du nicht mehr weiterweißt, bin ich bei dir.
Ich bin in deiner Angst, denn ich habe sie mit gelitten.
Ich bin in deiner Not und in deinem Tod,
denn heute begann ich mit dir zu leben und zu sterben.
Ich bin in deinem Leben, und ich verspreche dir:
Dein Ziel heißt Leben.
Auch für dich geht das Tor auf.
Karl Rahner

Fantasieübung »Die Enthüllung«

Für Erwachsene

Vorbereitung

Kerze für die Mitte

Anleitung

Den Text langsam vorlesen und an den gekennzeichneten Stellen lange Pausen lassen.

Sie sind in einem ganz dunklen Zimmer.
Da erscheint Ihnen Jesus Christus.
Die Erscheinung wird allmählich heller,
bis alles von ihrem Glanz überstrahlt
und jeder Gegenstand in Schönheit verwandelt ist.

Wie Sie sich dieser verwandelnden Gegenwart aussetzen,
sehen Sie sich verklärt ...
und Sie betrachten eine Weile,
was an Ihnen strahlend geworden ist.

Der Herr deutet auf eine Wand,
auf der Sie eine Erscheinung sehen;
Ihnen wird das Gute gezeigt,
das Sie Ihr ganzes Leben hindurch getan haben
und das durch Sie geschehen ist ...

Die Erscheinung verändert sich,
und nun tun sich Räume vor Ihnen auf,
in die Sie hineingewachsen sind:
Ängste vertrieben ...
Missstimmungen überwunden ...
»Unmögliches« möglich gemacht ...

Auf dieser Lichtwand sehen Sie nun,
wie schön Ihr Leben auf jeder Altersstufe war:
Kindheit – Jugend – Reifezeit ...

Und in Symbolen wird Ihnen enthüllt,
was der Sinn Ihres Daseins ist.
Ständig neue Bilder huschen über die Wand,
und Sie schauen und freuen sich und staunen ...

Nun verschwindet die Wand,
und Sie wissen, dass der Herr zugegen ist ...
bis auch das vergeht
und Sie im Dunkeln allein sind,
und Ihr Herz ist durch das,

was ihm enthüllt wurde,
zum Leben erweckt...
Nach Anthony de Mello

Sie können langsam die Augen öffnen und anfangen, sich zu bewegen. Gehen Sie ein wenig im Raum umher, nehmen Sie bewusst wahr, was um Sie ist.

Austausch

Wie ging es Ihnen mit der Übung?
Welche Neuentdeckung haben Sie gemacht?

Abschluss

Du Herr, lass uns immer neu auf Dich schauen,
zeige Du uns immer wieder Wege aus der Verlorenheit,
werde nicht müde, immer wieder die Hoffnung
in unseren verzagten Herzen aufzuwecken,
und stärke uns im Glauben an Dich, den Auferstandenen. Amen.

Meditation »Begegnung mit dem Auferstandenen«

▶ Für Jugendliche und Erwachsene

Vorbereitung

Kopiervorlage Emmaus-Text (Lk 24, 13–35), Stifte
Folien und Folienschreiber

Vorübung

Lied: »Wo zwei oder drei«
einmal im Kreis singen, beim zweiten Mal singend umhergehen, beim dritten Mal singend sich gegenseitig bewusst wahrnehmen, anschließend hinsetzen

Textmeditation

Die Kopie des Textes und Stifte verteilen. Der Text wird langsam vorgelesen.

Kopiervorlage

Der Gang nach Emmaus
LK 24,13–24,35

[13]Am gleichen Tag gingen zwei von den Jüngern nach einem Dorf namens Emmaus, das sechzig Stadien von Jerusalem entfernt ist. [14]Sie sprachen miteinander über alles das, was sich zugetragen hatte. [15]Während sie miteinander sprachen und überlegten, kam Jesus hinzu und ging mit ihnen. [16]Ihre Augen aber waren gehalten, dass sie ihn nicht erkannten. [17]Er fragte sie: Was sind das für Reden, die ihr da auf dem Weg miteinander führt? Da blieben sie traurig stehen. [18]Einer von ihnen namens Kleopas antwortete ihm: Bist du der Einzige in Jerusalem, der nicht weiß, was in diesen Tagen dort geschehen ist? [19]Er fragte sie: Was denn? Sie antworteten ihm: Das mit Jesus von Nazaret, der ein Prophet war, mächtig in Tat und Wort vor Gott und dem ganzen Volk, [20]und wie ihn unsere Hohenpriester und Führer zur Todesstrafe verurteilt und ihn gekreuzigt haben. [21]Wir aber hofften, dass er es sei, der Israel erlösen werde. Und nun ist zu alldem heute schon der dritte Tag, seit dies geschehen ist. [22]Aber auch einige Frauen aus unserem Kreis haben uns in Bestürzung versetzt. Vor Tagesanbruch waren sie beim Grab [23]und fanden seinen Leichnam nicht; sie kamen und erzählten, sie hätten eine Erscheinung von Engeln gehabt, die sagten, er lebe. [24]Dann gingen einige von uns zum Grab und fanden es so, wie die Frauen gesagt hatten; ihn selbst aber haben sie nicht gesehen. [25]Da sagte er zu ihnen: Ihr Unverständigen, wie träge ist euer Herz, an alles das zu glauben, was die Propheten gesagt haben! [26]Musste nicht der Messias alles dies erleiden und so in seine Herrlichkeit gelangen? [27]Und er begann, ihnen mit Mose und allen Propheten auszulegen, was sich in der ganzen Schrift auf ihn bezieht. [28]Als sie sich dem Dorf näherten, zu dem sie unterwegs waren, tat er, als wolle er weitergehen. [29]Da drängten sie ihn und sagten: Bleibe bei uns; denn es will Abend werden und der Tag hat sich schon geneigt. Da ging er mit hinein, um bei ihnen zu bleiben. [30]Und als er sich mit ihnen zu Tisch gelegt hatte, nahm er das Brot, sprach das Dankgebet, brach und gab es ihnen. [31]Da wurden ihnen die Augen aufgetan und sie erkannten ihn; er aber entschwand ihren Blicken. [32]Da sagten sie zueinander: Brannte uns nicht das Herz in der Brust, als er auf dem Weg mit uns redete und uns die Schriften erschloss? [33]Noch in derselben Stunde brachen sie auf und kehrten nach Jerusalem zurück. Dort fanden sie die Elf und ihre Gefährten versammelt, [34]die sagten: Wahrhaftig, der Herr ist auferweckt wor-

den und dem Simon erschienen! ³⁵Da erzählten auch sie, was auf dem Weg geschehen war und wie sie ihn beim Brotbrechen erkannt hatten.

Kurze Stille

Markieren Sie nun verschiedene »Rollen« im Text. Anschließend lesen wir die Stelle noch einmal gemeinsam mit verteilten Rollen.

Anschließend in einer längeren Zeit der Stille Raum lassen für die persönliche Auseinandersetzung mit der Begebenheit auf dem Weg nach Emmaus.
Leere Folien und Folienstifte verteilen.

Schreiben Sie nun Ihre persönliche Emmaus-Geschichte auf die Folie; die folgenden Satzanfänge können eine gute Hilfe sein:
»Da war ich mit Blindheit geschlagen ...«
»Ich aber hatte gehofft ...«
»Begreifst du denn nicht ...?«
»Musste nicht all das geschehen ...?«
»Da brannte mir das Herz ...«
»Da gingen mir die Augen auf ...«

Wenn alle zu Ende sind, werden die Texte ausgeteilt.
Legen Sie nun Ihre beschriebene Folie, Ihre Geschichte auf den Schrifttext. Schauen Sie: Was »berührt« sich?, was »passt« zusammen? ... Was dringt durch? Was sagt Ihnen der Bibeltext für Ihren »Text«? ...

Austausch

Wie ging es Ihnen mit den einzelnen Schritten?
Welche Neuentdeckungen haben Sie gemacht?
Was verblüfft und überrascht?

Barbara Blum

X. Pfingsten

Pfingsten – erfüllt sein von seiner Gegenwart.

Pfingsten – und jetzt geht!

Bildbetrachtung »Die Hand« von Alberto Giacometti

▶ Für alle

Die Hand, Alberto Giacometti

Vorbereitung

Folie mit dem Bild oder Beamer
Musik zum Ankommen, zum Stillwerden

Anleitung

Welche Gedanken kommen Ihnen, Überlegungen, Fragen, wenn Sie dieses Bild betrachten?
Sie können es in die Runde hineinsagen.
Nach jedem Beitrag lassen wir ein wenig Zeit, damit man dem Gesagten nachlauschen kann. Es soll an dieser Stelle noch keine Diskussion, kein Austausch stattfinden.

Anschließend Text vorlesen.

Gott, Deine Liebe ist eine unbegreifliche

Die Hand einfach da
mittendrin
wegweisend
Einhalt gebietend
Kontakt liebend

Er ging durch verschlossene Türen
einfach da
mitten in der Runde
der Angst Einhalt gebietend
zu neuem Leben herausgefordert

Ein Brausen erfüllte das ganze Haus
einfach so
jeden erfassend
Angst weichend
die Sprachlosigkeit lösend
gesandt
Cordula Leidner

Austausch

Wodurch fühlen Sie sich herausgefordert?
Welcher Gedanke spricht Sie an?

Abschluss

Lied und Segen

Cordula Leidner

Betrachtung »Die sieben Gaben des Heiligen Geistes«

▶ Für alle

Vorbereitung

Kreis in sieben gleich große Segmente schneiden (siehe Kopiervorlage auf CD-ROM)
Stifte

Anleitung

Zur Einstimmung in das Thema den Text von Bischof Bode vorlesen oder mit eigenen Worten darlegen.

Die sieben Gaben des Heiligen Geistes – Haben sie uns heute noch etwas zu sagen?

Die sieben Gaben des Heiligen Geistes sind entscheidende Anknüpfungspunkte an das Leben mit Gott:
Die Gabe der Weisheit, zwischen wichtig und unwichtig zu unterscheiden, zwischen richtig und falsch;
die Gabe der Einsicht, tiefer zu sehen als nur bis zum Bildschirm des Computers oder der Mattscheibe des Fernsehers;
die Gabe des Rates, Rat zu erteilen, also Rat anzunehmen und zu geben, die Gaben zu teilen;
die Gabe der Erkenntnis, in eine Sachlichkeit zu kommen, sich nicht nur von Gefühlen treiben zu lassen – so wichtig die Gefühle sind;
die Gabe der Stärke, etwas auch durchzutragen;
die Gabe der Frömmigkeit, den Faden nach oben nicht abreißen zu lassen;
die Gabe der Gottesfurcht, gelassen zu bleiben, weil es ja einen gibt, der größer ist als wir.
Franz-Josef Bode

Die Teilnehmer werden gebeten, sich sieben Segmente zu nehmen und sie zu beschriften mit den sieben Gaben des Hl. Geistes.

Halten Sie eine Zeit der Stille, schauen Sie zurück mit der Frage:
In welcher Situation habe ich Weisheit gebraucht/erfahren?
Verfahren Sie mit den andern Gaben in derselben Weise.

Austausch

Welche Entdeckungen haben Sie gemacht?
Gibt es Wünsche, Bitten für das Jetzt und das Zukünftige?

Abschluss

Gebet
Komm, Heiliger Geist,
gib uns den Mut,
die Welt so zu sehen, wie sie wirklich ist.
Mache unseren Blick weit, um zu erkennen,
wer die wirkliche Macht hat.
Gib uns die Kraft,
in Verantwortung und Klarheit zu handeln.

Hilf uns,
glaubwürdig zu leben und
die anderen um ihrer selbst willen
nicht aus dem Auge zu verlieren.
Komm, Heiliger Geist,
und hilf uns zu entlarven,
dass reich sein nicht unbedingt glücklich macht,
dass das Beobachten und Jonglieren
von Geldströmen
unsere Welt nicht gerechter macht,
dass Wachstum auch eine andere
Komponente hat als nur Konsum.
Heiliger Geist,
öffne du uns die Ohren,
um aus dem Sprachengewirr
deine Botschaft zu hören.
Hilf du uns bei der Suche,
dich in dieser Welt zu finden,
und zeige uns, wie du durch uns
in diese Welt zu bringen bist.
Cordula Leidner

Meditation »Auch ich bin gesandt«

▶ Für alle

Vorbereitung

Für die Mitte: Wanderstab
Verschiedenfarbiges Papier, zugeordnet: Brot, Vorratstasche, Geld, Hemd, Sandale
Stifte

Anleitung

Text vorlesen (Mk 6,7–13).

Die Aussendung der zwölf Jünger
[7]Er rief die Zwölf zu sich und begann sie paarweise auszusenden. Er gab ihnen Vollmacht über die unreinen Geister [8]und gebot ihnen, außer einem Stab nichts auf den Weg mitzunehmen, kein Brot, keine Tasche, kein Geld im Gürtel. [9]Nur Sandalen sollten sie tragen, aber keine zwei Röcke anziehen. [10]Und er sagte zu ihnen: Wo ihr in ein Haus einkehrt, da bleibt, bis ihr von dort weiterwandert. [11]Und wenn ein Ort euch nicht aufnimmt und man euch nicht hören will, dann geht fort und schüttelt den Staub von eueren Füßen, zum Zeugnis. [12]Darauf zogen sie aus und predigten Umkehr. [13]Sie trieben viele Dämonen aus und salbten viele Kranke mit Öl und heilten sie.

Stellen Sie sich vor, Sie gehören zu denen, die von Jesus ausgesandt werden.
In seinem Namen sollen Sie Gutes tun. Das ist aber nicht einfach so zu bewerkstelligen. Jesus gibt Anweisung, wie man sich darauf vorzubereiten hat. Nur ein Wanderstab ist erlaubt. Was verbinden Sie mit dem Wanderstab? ...
Brot ist lebensnotwendig, doch Sie sollen keines mitnehmen!
Worauf soll da im übertragenen Sinn hingewiesen werden? ...
Geht es um Offen-Sein, um Bitten-Können? ...
Schreiben Sie Ihre Gedanken auf das Blatt.

Kurze Stille

Die Vorratstasche ist auch nicht erlaubt oder anders gesagt, sie ist nicht notwendig. Nichts mitzunehmen, das kann auch heißen, dass Sie all das, was Sie an »Altem«, an Lasten in sich tragen, »daheim« lassen können. Zum Beispiel weit zurückliegende Verwundungen und Kränkungen müssen nicht mitgenommen werden ...
Schreiben Sie auf das entsprechende Blatt, was Ihnen Entlastung ist, weil Sie es nicht »einpacken« müssen, im Gegenteil, sich davon befreien dürfen ...

Kurze Stille

Es gibt ein Gefühl von Sicherheit und Unabhängigkeit, wenn man Geld in der Tasche hat.

Jesus sagt aber, auch das sollen Sie nicht mitnehmen.
Ist das Bedürfnis nach Sicherheit für Sie ein Thema? ... Wie geht es Ihnen bei der Vorstellung, von jemandem abhängig zu sein? ...
Sie können auf dem entsprechenden Blatt Ihre Überlegungen festhalten.

Kurze Stille

Das Hemd könnte im übertragenen Sinn für die Aufforderung stehen, sich zu zeigen.
Wie leicht oder schwer fällt es Ihnen, für jemanden, für etwas klar und deutlich einzustehen? ...
Machen Sie Ihre Notizen auf einem weiteren Blatt.

Kurze Stille

Nur ein Paar Schuhe ist erlaubt!
Allein die Überlegung, welcher Schuhtyp aus dem riesigen Sortiment wohl der richtige ist, fällt nicht leicht: Wanderschuh, Laufschuh? Für Teerstraße oder eher Waldboden? Oder vielleicht doch eher Sandalen? Aber man kommt ja auch in Städte ...
Welche Schuhe sind für Sie die passenden? ...
Warum? ... Auch das können Sie auf einem Blatt notieren.

Kurze Stille

Jesus hat seine Jünger immer zu zweit in die Städte und Dörfer gesandt. Er weiß um die Gefahren und des Menschen Verführbarkeit in jeglicher Hinsicht.
Mit wem würden Sie sich gerne auf den Weg machen? ...

Austausch

Zum anschließenden Austausch wählen Sie sich eine Person aus der Runde.

Segenstanz »Blessing Nigun«

▶ Für alle

Vorbereitung

Tonträger
CD: Giora Feidmann, »The singing Clarinet« (Titel 1)

Einleitung

Gesegnet werden und weitergehen. Weitergehen und wissen, ich bin nicht allein, Er ist bei mir und wird mich begleiten. Ich kann meinen Weg fröhlich ziehen, weil ich weiß, seine Liebe und Gegenwart werden mich tragen, egal wohin Er mich führen wird.
Das wird in diesem Segenstanz deutlich, indem wir zwischen den Schritten immer wieder innehalten und das Kreuz tanzen als Symbol seiner Nähe und Auferstehung. Wir gehen unseren Weg weiter und Er begleitet uns mit seinem Segen.

Tanzanleitung

Choreographie: Sr. Angela Ruser OP
Aufstellung: im Kreis, Front zur Mitte
Handfassung: V-Fassung
Tanzbeginn: einmal Motiv abwarten
Schrittfolge: in Tanzrichtung:
→ R seit Lx vor, R seit, Lx rück ↓ (steht auf einer Linie mit R = schon Vorbereitung für den Längsbalken des Kreuzes)
↑ R zur Mitte vorwiegen (m. Gew.)
↓ L nach außen rückwiegen
↔ R zur Seite, L zur Seite wiegen
(= Horizontale des Kreuzes)
Variation → R L R L ran (Hände offen, Segen empfangend)
Kreuz wiegen wie oben (Hände segnend)

Austausch

»Ich lobe den Tanz, denn er befreit den Menschen
von der Schwere der Dinge
bindet den Vereinzelten zur Gemeinschaft«
Diese Aussage wird dem hl. Augustinus zugeschrieben.

Wie spüre ich Gottes Nähe auf meinem Weg?
Wie leicht oder schwer fällt es mir, immer wieder innezuhalten und nach Ihm zu fragen?
Was bedeutet es für mich: gesegnet sein?

Abschluss

Nochmals Tanz

Gebet

Tanzen möchte ich können.
Tanzen möchte ich dürfen
mit allen Gliedern des Herzens und des Geistes.

Aus der Reihe tanzen,
wo man Dein Wort verrät;
aus der Reihe tanzen,
wo alles steril und satt ist.

Tanzen, dass die Welt um mich wirbelt.
Tanzen, dass alles sich um Dich dreht
mit dem Rhythmus von Himmel und Erde.

Aus der Reihe tanzen,
wenn die Lüge die Wahrheit verdrängt;
aus der Reihe tanzen,
wenn die Angst den Atem verschlägt.

Tanzen, dass mir Hören und Sehen vergeht.
Tanzen, dass ich eintauche in Deine Welt
mit lachenden Armen und Füßen, voller Freude.

Aus der Reihe tanzen,
wo sich alles im Kreis ums Ich dreht;
aus der Reihe tanzen,
wo alle im Gleichschritt gehen.

Tanzen vor dir, Gott!
Tanzen für Dich!
Tanzen in Dir!
Immanuel Jacobs

Heike Heinze

Meditation »Die Sendung«

▶ **Für Erwachsene**

Vorbereitung

Musik zum Ankommen
Papier und Stifte

Meditation

Text langsam vorlesen

Denken Sie an die Begebenheit, als Jesus seine Jünger aussandte, das Reich Gottes zu verkünden, zu heilen und Dämonen auszutreiben (Lk 10,1–12).
Sie sind dabei, als er die Namen derer nennt, die ausgesandt werden ...
Wie ist Ihnen zumute, als Sie hören, dass er Ihren Namen aufruft? ...
Und wenn Sie daran denken, dass Sie sich ins Unbekannte aufmachen?
Was für Vorbereitungen treffen Sie für Ihre Aussendung? ...
Vor dem Aufbruch gibt der Herr jedem Einzelnen Gelegenheit zu einer persönlichen Begegnung.
Als Sie seinen liebenden Blick sehen, spüren Sie zu Ihrer Bestürzung, dass Sie im Begriff sind, die Welt zu bekehren, während Ihr eigenes Herz die Bekehrung bitter nötig hätte.

Wie sollen Sie anderen Frieden bringen, wenn in Ihrem Herzen Konflikte herrschen?
Der Konflikt zwischen dem, was Sie wirklich sind und was Sie zu sein scheinen ...
was Sie selbst tun und was Sie predigen ... und der tiefste Konflikt von allen: zwischen dem, was Sie tun und sein möchten...
und was in Ihrem Leben geschehen sollte, und dem, was Gott will ...
Können Sie Gefangene befreien, wenn Ihr Herz von ungeordneten Anhänglichkeiten umklammert ist ... von Ängsten vor der Zukunft ... und Schuldgefühlen wegen der Vergangenheit ...?
Sie sollen Vergebung predigen, während Sie verbittert und nachtragend sind ...

Sie wollen andere für die Wahrheit begeistern, während Sie sich so defensiv verhalten, hartnäckig auf Ihrer Meinung beharren und sich verschließen …

Wie können Sie anderen Mut zusprechen, wenn Sie ein Feigling sind – sogar in Kleinigkeiten …
denn Sie fürchten sich so sehr, Anstoß zu erregen, eine Bitte abzuschlagen, anderer Meinung zu sein.
Und Sie hassen Ungefälligkeit und Widerspruch …

Sie machen sich auf den Weg, um Mitleid zu lehren, und Sie sind immer bereit, andere zu verurteilen …
Ihnen fehlt die Herzensgüte des Herrn, denn Sie sehen vorsätzliche Bosheit, wo er Unwissenheit und Schwäche sieht.

Bevor Sie Ihre Mission antraten, kamen Sie voller Begeisterung zum Herrn, um seinen Segen zu empfangen.
Nun sind Sie verzagt: Wie können Sie andere bekehren, wenn Sie sich selber noch nicht bekehrt haben?

Sie sagen Ihm: »Sende mich nicht. Ich bin nicht würdig.«
Was sagt Er dazu? …
Anthony de Mello

Wer möchte, kann sich zum eigenen Erleben Notizen machen.

Austausch

Bei welchen Überlegungen fühlen Sie sich verstanden?

Abschluss

Gemeinsames »Vater unser«

Übung »Lebt man als Christ leichter oder schwerer?«

▶ Für Jugendliche und Erwachsene

Vorbereitung

Kopiervorlage
Stifte

Anleitung

Zu Beginn einige Minuten Stille. Sich vergegenwärtigen, dass ich, so wie ich bin, gewollt bin und einfach da sein darf. In diese Stille hinein die Frage:

Können Sie sich an eine Situation erinnern, in der man über Sie als Christ/Christin abfällig oder bewundernd gesprochen hat?
Versuchen Sie, sich an die Umstände und Ihre Reaktion zu erinnern.
Wenden Sie sich nun folgenden Sätzen zu, die das eigene Christsein ein wenig beleuchten.

Austausch

Jede/jeder teilt so viel mit, wie sie/er es möchte.

Abschluss

Jedem, der in sich selbst gefangen ist,
Herr, Gott,
schenkst du dein befreiendes Wort.
Zur Freiheit hast du uns berufen
und dass wir Menschen würden
nach dem Bild und im Geist
Jesu Christi.
Wir bitten dich: gib uns Kraft,
die er vorgelebt hat –
gib uns die Weite,
die er aufgetan hat –
mach uns empfänglich und frei,
dann werden wir mit dir
leben für diese Welt.
Huub Osterhuis

Hedwig Schüttken

XI. Maria

*Maria,
die vertraute Unbekannte*

Der lichtreiche Rosenkranz
Mit Betrachtungen von Ursula Weßner

▶ Für Erwachsene

Einleitung

Papst Johannes Paul II. lädt uns ein, mit den Augen und dem Herzen seiner Mutter Maria auf den Sohn Jesus Christus neu zu schauen und den Rosenkranz in besonderer Weise zu beten. Er wünscht sich, dass dieses Gebet immer mehr – oder neu geschätzt wird.
Im Jahr des Rosenkranzes (2002–2003) fügte er zu den schon bekannten Betrachtungsweisen den »Lichtreichen Rosenkranz« hinzu. Wir können davon ausgehen, dass dies sein Vermächtnis an uns ist.
Wir begeben uns heute auf den Weg, um im Beten und Betrachten dem Geheimnis unseres Glaubens näherzukommen – Schritt für Schritt – den Rosenkranz in den Händen und darauf vertrauend, dass der Weg dahin »im Gehen unter den Füßen wächst«. Die Gesätze des lichtreichen Rosenkranzes werden uns Wegmarkierungen sein.

Jesu Zusage gilt allen Menschen: »**Ich bin das Licht**« – wer an mich glaubt, dem werden auch die Augen geöffnet.

Lied: Meine Hoffnung und meine Freude (Taizé)

Wenn der Rosenkranz nicht im Freien gebetet wird, sollte im Kreis eine Kerze stehen und es kann vor jedem neuen Gesätz um das Licht eine Rose gelegt und/oder ein Teelicht angezündet werden. So entsteht ein »lebendiger« Rosenkranz.

Jesus, der von Johannes getauft worden ist.

Lied: Maria sei gegrüßt ... (Melodie GL 590)

Mit folgender Liedstrophe:
Johannes einst ihn tauft, Gott Vater ihn uns schenkt und seinen Sohn ihn nennt. – Bitt Gott für uns ...

Lesung: Lk 3, 21–23

*»Zusammen mit dem ganzen Volk ließ auch Jesus sich taufen. Und während er betete, **öffnete** sich der Himmel, und der Heilige Geist kam sichtbar in*

Gestalt einer Taube auf ihn herab, und eine Stimme aus dem Himmel sprach: Du bist mein geliebter Sohn, an dir habe ich Gefallen gefunden.«

Betrachtung

Taufen heißt vom Wortursprung her »tief machen«.
Als Jesus in den Jordan hinabstieg, sich also »tief machen« ließ, und er aus dieser Tiefe heraus betete, da **öffnete** sich der Himmel … »Du bist mein geliebter Sohn …« – Es muss ein Augenblick tiefster Sehnsucht und Zuneigung gewesen sein! – Diese Zusage seines Vaters ist die Kraftquelle, aus der Jesus lebt.

Ich mag dich – Du bist mir wertvoll – Schön, dass es dich gibt – Ich liebe dich, …, wem das oder Ähnliches zugesprochen wird, für den öffnet sich für einen Moment der Himmel.
Ungeahnte Kräfte können da frei werden! –
Haben Sie in Ihrem Leben einen ähnlichen Zuspruch erfahren?

Stille

Kurz nach Jesu Auferstehung, bevor sich der Himmel öffnete und Jesus zu seinem Vater heimging, gab er seinen Jüngern einen Auftrag: »Geht zu allen Völkern, und macht alle Menschen zu meinen Jüngern, tauft sie auf den Namen des Vaters und des Sohnes und des Heiligen Geistes« … »Ich bin bei euch alle Tage …« (nach Mt 28, 16–18).
Immer, wenn ein Mensch getauft wird, wenn er »tief gemacht« wird, dürfen wir darauf vertrauen, dass sich der Himmel öffnet und Gott seine Zusage schenkt: »Du bist mein geliebter Sohn – meine geliebte Tochter! Das allein ist es, was uns rein und kostbar macht. Himmlischer Glanz liegt auf dem Gewand, das wir Taufkleid nennen.

Lied: Der Himmel geht über allen auf

»Du bist mein – geliebter Sohn.«
»Du bist meine – geliebte Tochter.«
»Du bist kostbar – in meinen Augen.«
Öffnen Sie Ihre Ohren und das Herz für eine dieser Zusagen Gottes.
Atmen Sie »Ihren« Satz ruhig ein und aus – ein und aus …

Bitte

Maria hilf uns, auch anderen diese Zusage Gottes zuzugestehen. Du bist ...

Jesus, der sich bei der Hochzeit in Kana offenbart hat.

Lied: Maria sei gegrüßt ... (Melodie GL 590)

2. Strophe:
Maria, sei gegrüßt, mit deinem lieben Sohn / der einst beim Hochzeitsmahl / Sich offenbart als Gott / und wandelt unsre Not. – Bitt Gott für uns Maria.

Lesung: nach Johannes 2,1–11

»Am dritten Tag fand in Kana in Galiläa eine Hochzeit statt, und die Mutter Jesu war dabei. Auch Jesus und seine Jünger waren zur Hochzeit eingeladen. Als der Wein ausging, sagte die Mutter Jesu zu ihm: Sie haben keinen Wein mehr. Jesus erwiderte ihr: Was willst du von mir, Frau! Meine Stunde ist noch nicht gekommen. Seine Mutter sagte zu den Dienern: Was er euch sagt, das tut! ... Jesus sagte zu den Dienern: Füllt die Krüge mit Wasser! Und sie füllten sie bis zum Rand. Er sagte zu ihnen: Schöpft jetzt und bringt es dem, der für das Festmahl verantwortlich ist. Sie brachten es ihm. Er kostete das Wasser, das zu Wein geworden war ... So tat Jesus sein erstes Zeichen, in Kana in Galiläa, und offenbarte seine Herrlichkeit, und seine Jünger glaubten an ihn.«

Betrachtung

Eine Hochzeit ist eine hohe Zeit, nicht nur für die Brautleute selbst, sondern für alle Eingeladenen. Es sind Tage höchster Freude, höchster Herrlichkeit. Sollte diese Freude, diese »höchste Herrlichkeit« ein jähes Ende haben, nur weil es an Wein mangelt – weil die Krüge leer sind? Maria ahnt die Not der Brautleute, sicher auch die Not der Gäste. Sie tritt an Jesus heran: »Sie haben keinen Wein mehr.« –
Leer-sein – ausgetrocknet-sein ist beängstigend.
Versetzen Sie sich in diese Not, so gut wie Sie das können – oder – kennen Sie selbst eine solche Leere?

Stille

»Sie haben keinen Wein mehr ...« Ist das nun eine Feststellung oder eine Bitte? Eindeutig ist das offensichtlich auch für Jesus nicht: »Was willst du von mir, Frau!« Maria beantwortet die Frage mit einer Bitte an die Diener: »Was er euch sagt, das tut.« –
Als dieser Glauben Marias vor allen Gästen offenbar wird, ist die Hoch-Zeit für Jesus gekommen. »Füllt die Krüge«, und sie taten, was er sagte. Die Krüge werden bis zum Rand gefüllt – mit Wasser –, aber auch mit dem Glauben und mit der Hoffnung der Mutter. – Da geschieht das Wunder der Wandlung! Wasser wird zu Wein, Glauben und Hoffnung zur Gewissheit. So leuchtet die Herrlichkeit Jesu auf und es werden die Augen und die Herzen der Jünger für die Wunder Gottes geöffnet. Wahrlich, höchste Herrlichkeit!
Wer sich die Augen und das Herz auch für die kleinen täglichen Wunder öffnen lässt, wird mitten im Alltag Hoch-Zeiten erleben; wird verwandelt in einen frohen und dankbaren Menschen.

Kanon: Die Herrlichkeit des Herrn (Troubadour Nr. 149)

Bitte

Maria hilf uns, von Jesus die Augen und das Herz für die kleinen und großen Wunder des Lebens öffnen zu lassen.

Jesus, der uns das Reich Gottes verkündet hat.

Lied: Maria sei gegrüßt ... (Melodie GL 590)

3. Strophe:
Maria, sei gegrüßt, mit deinem lieben Sohn / der uns bringt Gottes Reich / zur Umkehr uns lädt ein, / will Weg und Licht uns sein. – Bitt Gott für uns, Maria!

Lesung: Mk 1,14–15

»Nachdem man Johannes ins Gefängnis geworfen hatte, ging Jesus wieder nach Galiläa; er verkündete das Evangelium Gottes und sprach: Die Zeit ist erfüllt, das Reich Gottes ist nahe. Kehrt um und glaubt an das Evangelium!«

Der lichtreiche Rosenkranz

Betrachtung

»Betrachte einmal die Dinge von einer anderen Seite, als du sie bisher sahst; denn das heißt, ein neues Leben beginnen.« (Marc Aurel) – Ein Wort, dessen Weisheit wir erst ergründen, wenn wir wirklich anfangen, auch unser Leben aus einem anderen Blickwinkel zu betrachten. Jesus lädt uns schon zweitausend Jahre lang ein, sich dieser Weisheit zuzuwenden. »Kehr um«, lautet seine Einladung. Was läufst du immer davon. Halt doch einmal an und dreh dich um! Ich schaue dich an! –
Was bewirkt der Blick Jesu in Ihnen?
Ist Ihnen dieser Blick angenehm oder eher nicht?

Stille

Und wenn es nicht leicht fällt, warum ist das nur oft so schwer – mich anschauen zu lassen?
Es könnte sein, dass da viel Unansehnliches ist; was ich gern verbergen möchte. Und doch brennt die Bitte Jesu in mir: Glaub an das Evangelium – glaub einfach der frohen Botschaft vom Himmel, dem Reich meines Vaters: »*Ich bin gekommen, dass sie das Leben haben, und es in Fülle haben.*« Das ist eine Verheißung, die tief in uns eine Sehnsucht nach Heil-Werden deutlich werden lässt und eine Ahnung von neuem Leben zulässt.
Maria hat sich anschauen lassen – ganz. Und dieser »Augenblick« hat den Himmel geöffnet und Leben gezeugt – göttliches Leben – Leben in Fülle.

Lied: O Maria, sei gegrüßt (GL 582)

Bitte

Maria hilf, uns von deinem Sohn anschauen zu lassen – liebevoll und barmherzig. Er wird uns das, was in uns nach Heilung verlangt, deutlich werden lassen.

Jesus, der auf dem Berg verklärt worden ist

Lied: Maria sei gegrüßt ... (Melodie GL 590)

4. Strophe:
Maria, sei gegrüßt, mit deinem lieben Sohn / Verklärt auf Tabor's Höh'n / den Jüngern er sich zeigt / in Gottes Herrlichkeit. – Bitt Gott für uns Maria!

Lesung: Mk 9, 2–3.7

»Jesus nahm Petrus, Jakobus und Johannes beiseite und führte sie auf einen hohen Berg, aber nur sie allein. Und er wurde vor ihren Augen verwandelt; seine Kleider wurden strahlend weiß, so weiß, wie sie kein Bleicher machen kann ... aus der Wolke rief eine Stimme: Das ist mein geliebter Sohn, auf ihn sollt ihr hören.«

Es gibt Augenblicke im Leben, da scheint alles wie verwandelt.

»Wenn du mich anschaust, werd ich schön.« So beginnt ein Liebesgedicht.

Es muss ein wohlwollender Blick sein, wenn jemand diese Gewissheit ausspricht. Vertrauen und Zuneigung machen dieses Lebensgefühl möglich – ein himmlischer »Augenblick«!

Auch Jesus ist auf den liebenden Blick seines Vaters angewiesen; Zuneigung und Vertrauen zwischen Vater und Sohn wird immer wieder von den Evangelisten bestätigt.

Drei Jünger Jesu waren Zeugen des Geschehens zwischen Himmel und Erde. Sie allein durften Jesus, dem sie vertrauten und zu dem sie sich hingezogen fühlten, so schauen: als geliebten Sohn Gottes. Für einen Augenblick stand der Himmel offen; – da wurde alles verwandelt – in Licht. Dieses Licht werden die drei nie vergessen können – aber sie erfahren auch, dass dieses Leuchten sich nicht festhalten lässt.

Kennen Sie auch Augenblicke, in denen das Leben einen neuen Glanz in sich birgt?

Erinnern Sie sich an Zeiten, in denen Sie spürten: auch ich bin auf Zuneigung und Vertrauen angewiesen?

Stille

Erst später, nach der dunkelsten Stunde ihres Lebens, spüren sie das größte Geschenk, das Jesus den Seinen hinterlassen hat: Ein Funke dieses Lichtes ließ sich nicht aus ihren Herzen verdrängen. Dieser eine Funke »genügt« dem Heiligen Geist, um ein Feuer zu entfachen – nach der Auferstehung!

Kanon: Im Schauen auf Dein Antlitz

Text und Melodie: W. Pilz; Rechte: beim Autor.

Wer auf Christus schaut – und hört, was er sagt –, dem kann ein Licht aufgehen!
Maria hat jedes Wort ihres Sohnes im Herzen bewahrt und ausgetragen, bis es für uns »geboren« wurde. So ist es bis heute ein Leuchten auf unserem Lebens-Weg.

Bitte

Maria hilf uns, wenigstens ein Wort im Herzen zu bewahren, bis es wie ein Funke überspringen kann – zu unseren Mitmenschen.

Jesus, der uns die Eucharistie geschenkt hat.

Lied: Maria sei gegrüßt (Melodie GL 590)

5. Strophe:
Maria, sei gegrüßt, mit deinem lieben Sohn, / der bleibt in Fleisch und Blut / bei uns, bis an das End' / im heil'gen Sakrament. – Bitt Gott für uns Maria!

Lesung: 1 Kor 11, 23–25

»Denn ich habe vom Herrn empfangen, was ich euch dann überliefert habe: Jesus, der Herr, nahm in der Nacht, in der er ausgeliefert wurde, Brot, *sprach das Dankgebet, brach das Brot und sagte: Das ist mein Leib für euch. Tut dies zu meinem Gedächtnis! Ebenso nahm er nach dem Mahl den Kelch und sprach: Dieser Kelch ist der neue Bund in meinem Blut. Tut dies, sooft ihr daraus trinkt, zu meinem Gedächtnis!«*

Betrachtung

Diesmal ist es kein Hochzeitsmahl, zu dem sich Jesus mit seinen Jüngern versammelt – oder doch? Ernst und feierlich scheint es zu sein, als er das Mahl eröffnet. Diesmal geht es um Tod und Leben! Jesus bricht und teilt nicht nur das Brot, sondern sein Herz. Und aus diesem geöffneten Herz reicht er im Zeichen des Weines sein Herzblut. Mit diesem Blut schließt er einen neuen Bund, auch mit uns. Tut dies zu meinem Gedächtnis. Das trägt er uns auf. –
Das Korn muss sterben, die Traube gepresst werden, das Brot gebrochen, der Wein will ausgegossen, der Kelch getrunken sein – sterben –, damit wir das Leben haben und es in Fülle haben.
Täglich werden wir – Sie und ich und die ganze Gemeinde – durch Jesus selbst zu dieser Hoch-Zeit eingeladen.
Wie wichtig ist mir diese Hoch-Zeit?
Wie wichtig ist mir die Hochzeitsgemeinde?

Stille

Lassen wir uns immer wieder zum Tisch des Herrn einladen, der mit uns teilen will, damit wir das finden, wozu wir geboren wurden.
Leben ist MIT-TEILEN von Herz zu Herz.
Eine innigere Begegnung mit Jesus gibt es nicht.

Bitte

Maria, wir bitten dich: Hilf uns Jesus, deinen Sohn, mit offenem Herzen zu begegnen. Erinnere uns sooft es geht daran, dass wir nicht oberflächlich vor dem Mahl beten:
»Deinen Tod verkünden wir und deine Auferstehung preisen wir, bis du kommst in Ewigkeit.«

Lied: Wer leben will wie Gott (GL 183)

Komm, Herr Jesus! – Amen.

Ursula Weßner

XII. Spuren entdecken

Spuren entdecken
aufnehmen
lesen
Manchmal oder meist (?) legt das Leben ein schnelles Tempo an den Tag. Ereignisse, Nachrichten, Begegnungen, ... kommen auf uns zu und sind schon wieder vorbei. »Was war das jetzt?«, fragen wir, wenn wir das Gefühl haben, nicht mehr mitzukommen. Da kann es guttun, ab und zu einen Schritt zurückzutreten und die Ereignisse mit etwas Abstand zu betrachten und nach dem zu fragen, was geblieben ist, was bleibt – etwa Spuren von Leben, von Glauben in dem Einerlei und Besonderen des Lebens zu entdecken. Jemand hat gesagt: »Ereignisse und Begegnungen werden dann zu Erfahrungen, wenn wir sie auf die tiefere Bedeutung für uns selber angeschaut haben. Und das lohnt sich, weil Erfahrungen es sind, die unser Leben tragen.«

Erfahrungen Farbe geben

▶ Für Jugendliche

Vorbemerkung

Diese Übung kann helfen, auf eine bestimmte Zeit des Lebens (Jahr, Monat, Woche) zurückzuschauen und die Erlebnisse auch sinnenhaft darzustellen.
Beim Schritt 4 und 5 ist es hilfreich, wenn die Gruppenmitglieder sich eventuell in einen anderen Raum oder in verschiedene Bereiche des Zimmers begeben können.

Material

Für jedes Gruppenmitglied ein größeres Blatt Papier (ca. DIN A3), Malstifte oder Kreiden

Verlauf

Der Leiter/die Leiterin des Treffens erklärt die Methode und erfragt das Einverständnis der Gruppenmitglieder.

Dann leitet er/sie folgende Schritte an und macht selbst mit:
Versuche zunächst, einfach da zu sein, so wie du jetzt da sein kannst. – Spüre den eigenen Leib. Nimm wahr, was dich bewegt, und lege es in Gedanken auf die Seite. – Erinnere dich, dass Gott jetzt für dich da ist. Er hat dich geschaffen, weil Er dich liebt.

Stille

Damit der Rückblick auf diese Zeit heilsam werden kann, kannst du Gott bitten, dass Er dir die Gnade schenkt, mit guten, liebevollen Augen auf die Ereignisse schauen zu können. Bitte Ihn, dass du in Seinem Licht die Wirklichkeit dieser Zeit erkennen und zulassen kannst.

Stille

Entscheide dich, welchen Zeitraum deines Lebens du anschauen möchtest. Lasse die Ereignisse dieser Zeit vor deinem inneren Auge vorbeiziehen – ohne zu werten oder zu urteilen – Tag für Tag oder Ort für Ort, an dem du dich aufgehalten hast, oder die Ereignisse, wie sie ungefiltert kommen. Eventuell notiere sie in Stichworten.

Stille

Schaue ein zweites Mal hin und nimm wahr, welche Gefühle oder Empfindungen die Ereignisse in dir hervorgerufen haben: Freude, Dank, Schmerz, Trauer, Hoffnung, Liebe, Glauben, …
Erkennst du in diesen Bewegungen die Auswirkungen des guten Geistes Jesu? Oder siehst du Auswirkungen eines Aber-Geistes, eines Un-Geistes?

Stille

Versuche jetzt, die Erfahrungen, Bewegungen usw., die dir im Rückblick gekommen sind, zu malen oder zu zeichnen, mit Farben zu gestalten – so wie du es kannst und möchtest.

Zeit lassen – mindestens 20 Minuten

Schaue auf das, was du gemalt oder gezeichnet hast, und versuche, darüber mit Gott zu sprechen – Ihm eventuell zu erzählen, was dir begegnet ist, zu fragen, was du vielleicht nicht verstehst … und am Schluss dich Ihm anzuvertrauen mit Dank, Lob, …

Austausch

Nacheinander erzählen die Gruppenmitglieder, was ihnen beim Rückblick bewusst geworden, begegnet ist. Dabei kann das Gemalte gezeigt werden oder auch nicht.
Im weiteren Gespräch kann auch auf die Frage eingegangen werden: Wie kommt Gott in unserem Alltag vor?

Vorausschauen

In Stille schaut jedes Gruppenmitglied auf den nächsten Tag, die nächsten Tage und bedenkt: Was kommt auf mich zu? Welche Hilfe wünsche ich mir dafür von Gott?
Möchte ich diese Bitte offen vor der Gruppe aussprechen?

Abschluss

Der Leiter/die Leiterin lädt ein, die eigene Bitte laut oder leise vor Gott zu bringen.
Es kann dann mit einem vorformulierten Gebet abgeschlossen werden.

Hedwig Schüttken

Rückblick »Am Ende dieses Tages«

▶ Für alle

Barmherziger, guter Gott,
Du hast uns ins Da-Sein gerufen.
Du willst, dass es uns gibt,
Du willst, dass wir Da sind –
in dieser Zeit,
an diesem Ort,
in dieser Gemeinschaft.

Du kennst uns und
Du weißt um uns.
Du hast unsere Namen
in dein Herz geschrieben –
und dieses Herz hat Sehnsucht
nach den Menschen –
nach dir – nach mir – uns allen.

Am Ende dieses Tages kommen wir zu Dir.
Wir sind da mit allem, war uns heute bewegte,
mit allem, was uns getragen hat,
aber auch mit allem, was uns belastet.

Stille

Schau auf unsere Sorgen und Ängste,
auf unser Leid und unser Versagen –
aber auch auf unsere Freude und Hoffnungen.
Einiges ist gelungen,
manches war mühselig.

Stille

Du hast uns diesen Tag anvertraut
und wir haben ihn gelebt, so gut es eben ging.
Nichts war zufällig, nichts ist selbstverständlich.
Du kannst alles ordnen und wandeln.

Hilf uns, still zu werden,
damit wir Deine Nähe spüren,
die uns umhüllt wie ein Kleid.
Bleibe bei uns, denn es will Abend werden.
Lege Licht in die Tiefe unserer Seele und
lass uns geborgen sein im Schoß dieser Nacht. –

Lass uns geborgen sein in Dir –
der Du da bist.
Amen.

Ursula Weßner

Betrachtung »Er zog sich zurück, um zu beten«

▶ Für alle

Ankommen

Da sein in Stille. Die Hektik des Alltags und der Lärm der Geschäftigkeit ist nicht verschwunden, aber der Zugriff, verschlungen und überwältigt zu werden, ist gedämpfter.
Wie immer der Alltag in früheren Zeiten ausgesehen haben mag, gemütlich und beschaulich wird er nicht gewesen sein.

Kurze Stille

Lassen Sie nun folgende Situation vor dem inneren Auge lebendig werden.

Lesung (Lk 5,15)

Jesu Ruf verbreitete sich immer mehr, sodass die Menschen von überall herbeiströmten. Sie alle wollten ihn hören und von ihren Krankheiten geheilt werden. Doch er zog sich an einen einsamen Ort zurück, um zu beten.

Betrachtung

Hier ist Ihr Ort der Stille,
um auf den Tag oder die Woche zurückzuschauen,
um mit Gott in Kontakt zu kommen,
um die Beziehung zu pflegen,
Ihm zu danken und zu bitten.

Wenn Sie Ihren Tag vor dem inneren Auge ablaufen lassen:

Welche Menschen sind Ihnen begegnet?
Wer kam zu Ihnen mit welchem Anliegen?
Wie sind Sie dem Einzelnen begegnet?
Welche Spuren hinterlassen die Begegnungen bei Ihnen?

Was wollen Sie dem Herrn erzählen?
Sie müssen keine Scheu haben.
Sie dürfen mit ihm reden wie die Jünger.
Sie dürfen sich bedanken und Sie dürfen ihn bitten.

Stille

In deine Hände lege ich voll Vertrauen mein Leben.
Du hast mich erlöst, du treuer Gott.

Vaterunser

Lasst uns gemeinsam das Vaterunser beten.

Segen

Der gute und lebendige Gott
Lege seinen Trost und Frieden über uns.
Er nehme alles von uns,
was unsere Gedanken und Sorgen belastet,
und schenke uns Erholung und Ruhe. Amen.

Cordula Leidner

Abendgebet der liebenden Aufmerksamkeit

Dreieiniger Gott,
dir sei Lob gesungen
an diesem Abend und
Dank gesagt für den vergangenen Tag.
Du hast ihn uns geschenkt.
Wir haben ihn gelebt,
so gut es eben ging.
Nun sind wir bei dir.

Stille

Schau auf uns –
auf die Freude – auf die Not,
auf die Hoffnungen – auf heimliche Ängste,
auf die Kraft – auf die Schwächen,
auf alles Gelungene –
und auch auf unsere Schuld.

Stille

Wir legen dir alles an dein Herz.
Wandle das Unvollkommene und
lass uns immer mehr
an deine Barmherzigkeit glauben.
Amen.

Ursula Weßner

Reflexion »Du bist vertraut mit all meinen Wegen« (Psalm 139,3)

Mit liebender Aufmerksamkeit auf meinen Lebensweg schauen

▶ Für alle

Sich einfinden

Suchen Sie sich einen guten Platz.
Nehmen Sie sich wahr in Ihrem Leib.

Spüren Sie ihren Atem.
Werden Sie sich bewusst, dass Sie in Gottes Gegenwart sind.

Sich aufmachen

Wenden Sie sich an Gott:
Gott, du bist da. In dir lebe ich, bewege ich mich, bin ich.
Ich danke dir für deine Gegenwart in meinem Leben.
Ich bitte dich: Lass mich mein Leben sehen, wie es ist. Gib mir einen klaren Blick für Dein Mitgehen auf meinem Weg. Lass mich mit dir mein Leben betrachten.

Verweilen

Sie können Ihren Lebensweg noch einmal nachgehen, wichtige Stationen: Entscheidungen, Veränderungen, …
Zeichnen Sie ihn oder schreiben Sie ihn auf oder malen Sie ein Weg-Bild …

In Stille etwas Zeit lassen

Jetzt gehen Sie den Erfahrungen nach, die Sie tragen.
Wo haben Sie erfahren:
ich bin geliebt
ich bin anerkannt
ich bin angenommen
ich fühle mich geborgen
ich kann vertrauen
Welche Menschen gehören dazu?

oder

Sie können sich eine wichtige Station der letzten Zeit anschauen:
Sich selbst – die anderen – die inneren Regungen: Wer/Was bewegt Sie …? Wer/was treibt Sie an …? Was ist noch zu klären …? Gott in allem …

Ins Gespräch kommen

Wenden Sie sich Gott zu: Wofür wollen Sie ihm danken? Worum wollen Sie ihn bitten?

Zurückschauen

Wie sind Sie jetzt da? Was haben Sie wahrgenommen? Was ist Ihnen aufgefallen?

Abschluss

Gottes Kraft geht alle Wege mit
Gott ist hinter mir,
denn von ihm komme ich, und er ist mir Rückhalt und Kraft, die mich stützt.

Gott ist unter mir,
denn er trägt mich im Dasein. Ohne ihn würde ich ins Nichts versinken.

Gott ist über mir,
er sieht mich und lenkt mich und lässt mich den rechten Weg finden.

Gott ist rings um mich,
denn er birgt mich in seiner Liebe und gibt mir Sicherheit und Zuversicht.

Gott ist in mir,
er gibt mir Freude und Frieden in mein Inneres, Liebe und Geduld, Vertrauen
und eine große Sehnsucht.
Quelle unbekannt

Franz Reinhard Daffner

Rückblick mit Bild »Sabbatruhe«

▶ Für alle

Nordportal Freiburger Münster, Foto: privat

Material

Kopien des Bildes oder Beamer

Betrachtung

Am siebten Tag vollendete Gott das Werk, das er geschaffen hatte, und er ruhte am siebten Tag, nachdem er sein ganzes Werk vollbracht hatte. Und Gott segnete den siebten Tag und erklärte ihn für heilig, denn an ihm ruhte Gott, nachdem er das ganze Werk der Schöpfung vollendet hatte.

Lassen Sie den Text aus Genesis 2, 2–4 nochmals nachklingen.

Stille

Gott nimmt sich Zeit.
Er nimmt sich Zeit, sein Werk anzuschauen.
Er macht nicht einfach einen Haken dran und geht zum Nächsten weiter.

Gott nimmt sich Zeit, sein Werk anzuschauen,
sich daran zu erfreuen, es zu segnen;
und erst dadurch geschieht Vollendung.

Stille

Das Bild soll Sie einladen,
auszuruhen, innezuhalten;
vielleicht erlauben Sie es sich, neben Ihm Platz zu nehmen
und so auf Ihr (Tag-)Werk (oder einen größeren Zeitraum) zu schauen
und mit einem liebevollen Blick es zu vollenden.
Schauen Sie auf Ihr Tun,
Ihr Miteinander in Familie und Gesellschaft.
Was war segensreich?
Was bedarf der Korrektur,
der Unterstützung durch andere, durch den Herrn?
Schauen Sie auf Ihr Tun
und versuchen Sie auch innerlich zu spüren,
was dieses Tun in Ihnen auslöst und bewirkt.
Dieses Bild mit seiner Ruhe und seinem Wohlwollen
lädt ein, auf alles zu schauen.
Sie müssen nichts ausklammern,
nichts kleinreden und sich nicht kleinmachen.
Was ist, wahr sein lassen in Zustimmung mit Gott.

Segen

In deine Hände lege ich voll Vertrauen mein Leben.
Du hast mich erlöst, du treuer Gott.

Der gute und lebendige Gott
lege seinen Trost und Frieden über uns.
Er nehme alles von uns,
was uns an Gedanken und Sorgen belastet.
Amen.

Barbara Blum/Cordula Leidner

Register der Meditationsformen

Bibelmeditation 23, 34, 39, 52, 57, 66, 69, 76, 88, 110, 142, 152, 159

Bildmeditation 18, 41, 43, 48, 64, 72, 104, 130, 142, 156, 185

Fantasiereise 34, 40, 57, 71, 82, 86, 93, 110, 112, 137, 146, 150

Körperübung 9, 39, 57, 66, 148

Meditation mit Symbolen 50, 52, 59, 84, 115, 132, 137, 159

Rosenkranz 12, 168

Schreibmeditation 37, 95, 152

Tanz 27, 90, 121, 162

Textmeditation 39, 74, 95, 96, 98, 100, 102, 104, 117, 125, 133, 157, 164

Die Autoren und Autorinnen dieses Buches

Blum, Barbara
Geb. 1952, verheiratet, 4 Kinder, Geistliche Begleiterin und Exerzitienleiterin, lebt in Denzlingen im Breisgau.

Daffner, Franz-Reinhard
Geb.1944, Domkapitular, Msgr., Leiter des Referates für Spirituelle Dienste der Diözese Augsburg, Exerzitienbegleiter, Geistlicher Begleiter.

Ehrtmann, Hildegard
Geb. 1931, Mag. Applied Social Sciences, Supervisorin, langjährige Nationalreferentin der Gemeinschaft Christlichen Lebens, Exerzitienbegleiterin, Geistliche Begleiterin, lebt in Augsburg.

Frankenstein, Miriam
Geb. 1987, studiert an der KFH Freiburg Soziale Arbeit. Engagiert in der Jugendarbeit und KHG.

Heinze, Heike
Geb. 1964, verheiratet, 2 Kinder, ev.-luth. Dipl. Religionspädagogin, Gemeindearbeit mit Kindern und Erwachsenen, Kursarbeit in der kirchlichen Erwachsenenbildung. Weiter- und Ausbildung in Enneagramm, Tanz, Geistliche Begleitung.

Kittel, Cäcilia
Mitarbeiterin im Erzbischöflichen Ordinariat in Freiburg im Breisgau, Exerzitienleiterin und Geistliche Begleiterin, Leiterin für Meditativen Tanz.

Kittel, Joachim
Studienrat, Dr. theol., Religionslehrer am Martin-Schongauer-Gymnasium in Breisach/Rhein.

Leidner, Cordula
Geb. 1953, verheiratet, Dipl. Sozialpädagogin, Mitglied der Gemeinschaft Christlichen Lebens (GCL), tätig in Lebensberatung, Geistlicher Begleitung und Exerzitienbegleitung, lebt in Bad Klosterlausnitz.

Meuser, Elisabeth
Geb. 1957, Mathematik- und Theologiestudium in Mainz für Lehramt an Realschulen, seit 1999 in der Pressestelle des Bistums Dresden-Meißen, Mitglied der Gemeinschaft Christlichen Lebens (GCL) und langjährige ehrenamtliche Begleitung der GCL-Jugend in Dresden, Ausbildung in Geistlicher Begleitung.

Schüttken, Hedwig
Geb. 1939, Ausbildung als Verwaltungsbeamtin, Mitglied und langjährige Referentin der Gemeinschaft Christlichen Lebens (GCL), tätig als Geistliche Begleiterin, Exerzitienbegleiterin und Gruppenbegleiterin.

Quellenverzeichnis

S. 15 Aus: Josef Treutlein, Rosenkranzandachten. Modelle und Anregungen. © Verlag Herder GmbH, Freiburg im Breisgau 2009.

S. 19, 74, 83, 92, 114/115, 120, 144, 147
Paul Weismantel: Die Rechte aller Texte liegen beim Autor. © Paul Weismantel, Würzburg.

S. 20/21, 34, 57, 110/111, 148/149, 151/152, 164/165
Aus: Anthony de Mello, Dass ich sehe. Meditation des Lebens. © Verlag Herder GmbH, Freiburg im Breisgau 1994.

S. 21/22 Du hast mich geträumt. Aus: Ernesto Cardenal, Das Buch von der Liebe. © Peter Hammer Verlag Wuppertal, Neuausgabe 2004.

S. 42/43 Aus: Rose Ausländer, Wieder ein Tag aus Glut und Wind. Gedichte 1980–1982. © S. Fischer Verlag GmbH, Frankfurt am Main 1986, S. 107.

S. 59 Aus: Huub Oosterhius, Dein Trost ist nah. Gebete für Stunden der Bedrängnis. © Herder & Co., Wien 1978.

S. 60 Martin Gutl, Du führst uns. Aus: Ders., Ich bin bei dir, Verlag Styria, Graz 2001. © Maria Gutl, A-8830 Feldbach.

S. 65/66 *Ich bin mir nicht selbstverständlich* ... Alle Autorenrechte liegen bei der Katholischen Akademie in Bayern. Romano Guardini, Die Annahme seiner selbst, 6. Aufl. 1993. In: ders.; Gläubiges Dasein / Die Annahme seiner selbst, S. 10f. Verlagsgemeinschaft Matthias Grünewald, Mainz / Ferdinand Schöningh, Paderborn.

S. 75 Aus: Andrea Schwarz, Bunter Faden Zärtlichkeit. © Verlag Herder GmbH, Freiburg im Breisgau 2006.

S. 89/90 Aus: Hanns Dieter Hüsch / Michael Blum, Das kleine Buch zum Segen, Seite 31, 2008/10. © tvd-Verlag Düsseldorf 1998.

S. 92, 148 GCL Werkmappe, Herausgeber: Gemeinschaft Christlichen Lebens, Sterngasse 3, 86150 Augsburg.

S. 95 Alfred Delp. Aus: Gesammelte Schriften, Bd. 4. Aus dem Gefängnis. © Verlag Josef Knecht in Verlag Karl Alber GmbH, 1984.

S. 102 Aus: Rudolf Otto Wiemer, Ernstfall. Gedichte, © J. F. Steinkopf Verlag, Stuttgart ³1989, S. 61.

S. 125–127 Bruno Dörig. Aus: Ders., Der Apfelschnüffler, Friedrich Reinhard Verlag, Basel 1982. © Bruno Dörig.

S. 131/132 Martin Gutl, Ich hatte eine Zeit. Aus: Ders., Ich bin bei dir, Verlag Styria, Graz 2001. © Maria Gutl, A-8830 Feldbach.

S. 146 Aus: Josef Griesbeck, 77 meditative Impulse. © Verlag Herder GmbH, Freiburg im Breisgau 1996.

S. 158 Franz-Josef Bode, Die sieben Gaben des Heiligen Geistes. Aus: Franz-Josef Bode (Hg.), Zeit mit Gott. Ein Stundenbuch. © Verlag Katholisches Bibelwerk GmbH, Stuttgart 2005.

S. 163 Immanuel Jacobs, Tanzen möchte ich können. Aus: Ders., Israel. Land der Widersprüche, Vier-Türme-Verlag 1990. © beim Autor.

S. 166 Aus: Mitten unter uns. Die schönsten Gebete von Huub Oosterhuis. © Herder & Co., Wien 1982.

Bilder

S. 18 Erschaffung Adams, Senkemail, Lioba Munz, Sankt Maria, Fulda. © Sankt Maria, Fulda.

S. 43 Marc Chagall, Der brennende Dornbusch, Musée National d'Art Moderne, Paris. Foto: akg-images. © VG Bild-Kunst, Bonn 2009.

S. 48 Klagemauer, Jerusalem. Foto: privat. © Karl Anton Blum.

S. 64 Holzschnitt von Salomon Raj. © Deutsche Provinz der Jesuiten KdöR, München.

S. 72 Die Fußwaschung. Steinrelief St. Gilles. Foto: privat. © Cordula Leidner.

S. 105 Foto: privat. © Ursula Wessner.

S. 130 Jesus im Elend, Görlitz. Foto: privat. © Cordula Leidner.

S. 142 Fußwaschung, Evangeliar Ottos II., Reichenau, um 1000. © Bayerische Staatsbibliothek München, Clm 4453 fol. 237.

S. 156 Alberto Giacometti, Die Hand. © ADAGP/FAAG, Paris / VG Bild-Kunst, Bonn 2009.

S. 186 Nordportal Freiburger Münster. Foto: privat.

In wenigen Fällen ist es uns trotz großer Mühen nicht gelungen, alle Inhaber von Urheberrechten und Leistungsschutzrechten zu ermitteln. Da berechtigte Ansprüche selbstverständlich abgegolten werden, ist der Verlag für Hinweise dankbar.